CALLWEY

RICARD

KATHLEEN BERINGER & VALERIE WIZEMANN

Küchengeheimnisse erfolgreicher Frauen

RAFFINIERT EINFACH –
MENÜS, DIE JEDEM GELINGEN

CALLWEY

Inhaltsverzeichnis

Vorwort

AN EINEM SONNIGEN Frühlingsonntag trafen wir uns wieder einmal zu Hause zum Essen. Seit zwölf Jahren kennen wir uns jetzt und sind eng miteinander befreundet. Von Anfang an genießen wir es sehr, uns gegenseitig zu bekochen, eine Leidenschaft die wir beide teilen. Da konzentrieren wir uns auf das für uns Wesentliche: gute Gespräche und gutes Essen. Ohne die Nachbartische zu stören, können wir laut lachen, jegliche Art von Witzen erzählen und neue Rezepte ausprobieren. Beim Mittagessen an besagtem Tag haben wir viel über das Kochen und unsere Kindheit gesprochen, was so eng miteinander verknüpft ist.
Unser nostalgischer Moment ließ uns nachdenken über die Gerichte, die damals gekocht wurden. Die ersten Currys, der erste Salat mit Koriander. Wir konnten uns am besten an die Gerichte erinnern, die unsere Mütter aus dem Ärmel schütteln konnten: Coq au Vin, Ente und Gans, Mousse au Chocolat, Zitronentarte und Kalbsfleisch mit Zitrone. Unsere Eltern haben früher viel eingeladen, jede Woche, und haben sich viele Gedanken darüber gemacht; was für ein Wein serviert wird, wer neben wem sitzt und was gekocht wird. Mit großer Freude machten sich unsere Mütter viel Mühe. Es gab eine klare Rollenvergabe und wir durften von Anfang an helfen. Es war nie zu unserem Nachteil, da wir beim Abwasch unser Taschengeld auffrischen konnten und bei den Erwachsenen-Gesprächen Mäuschen spielen durften. Das war natürlich spannend, ganz besonders wenn es spät wurde, was keine Seltenheit war. Man hat gelacht, gefeiert, getrunken und viel genossen.

Obwohl wir aus verschiedenen Kulturkreisen kommen, haben wir die gleiche Erfahrung gemacht und leben diese weiter. Wir lieben es, zu kochen und einzuladen. Denn, wie Camilla Fischbacher sagt: „Showing people that you love them by feeding them."
Aber wir haben uns gefragt, ob diese Ansicht auch andere Frauen mit uns teilen. Lieben sie es genau wie wir, ihre Freunde zu bekochen? Ist es heutzutage immer noch möglich, so genussvoll zu kochen, obwohl wir alle weniger Zeit haben? Beruf, Kinder, selbstzugefügter Freizeitstress – bleibt da noch die Muse für ein gemütliches Abendessen am eigenen Esstisch? Gibt es noch die Gastgeberin mit Leib und Seele?
Der Blick in unseren Freundeskreis hat uns bestätigt: Ja, es gibt sie noch. Wir haben mit unseren Freundinnen angefangen, und je mehr Frauen uns einfielen, umso mehr kamen wir zu der Erkenntnis, dass die, die leidenschaftlich kochen, immer einen „Bestseller" haben. Wie auch unsere Mütter und am Ende auch wir. Und vielleicht werden unsere Stubenküken und unser Kartoffelgratin für unsere Kinder einmal deren Madeleine de Proust sein.
Alle haben dieses eine Menü, das sie besonders gut können. Weil sie es schon 1.000 Mal gekocht haben. Das Timing haben sie völlig verinnerlicht. Es schmeckt allen. Und sie haben alle Tricks und Griffe raus. Also haben wir uns gedacht, wir wollen diese Erfolgsrezepte nicht nur von unseren Freundinnen

wissen, sondern von vielen anderen Frauen. Darüber hinaus interessierte es uns, wie sie ganz persönlich ihre Einladung gestalten: Wie dekorieren sie ihren Tisch, wie gestaltet sich der Abend, was für Abläufe haben sie und welche Tricks wenden sie in der Küche an? Was für eine Bereicherung es doch wäre, von ganz unterschiedlichen Frauen ihre sichere Nummer zu haben. Und schon war die Idee des Buches geboren.
Die dann folgende Suche wurde sehr interessant. Es gibt große Unterschiede, sowohl in der Art, als auch in der Bereitschaft, zu kochen. Die Gesellschaft hat sich geändert, nicht jede Frau kocht heutzutage selbstverständlich. Aber wir haben viele Frauen gefunden, die sagen: Wenn ich koche, dann soll es perfekt sein. Essen bleibt etwas sehr emotionales, das viel über die Person aussagt. Und wirklich jedes Gericht hat eine Geschichte. Uns hat sehr fasziniert, dass ohne Absprache jede Frau etwas anderes gekocht oder gebacken hat. In diesem Buch haben wir sechs verschiedene Nationalitäten und so unterschiedliche Berufe wie Winzerin, Fotografin, Sopranistin, CEO, Designerin und viele andere vereint.
Bei dieser Diversität sind wir von St. Gallen bis nach Hamburg, über Berlin, Stuttgart und Bayern gefahren, um den Frauen beim Kochen über die Schulter zu schauen. Es ist doch etwas sehr Besonderes, mit einer Frau ein paar Stunden in der Intimität ihrer Küche zu sitzen, ihr zuzuschauen und anschließend mit ihr und manchmal ihrer Familie das Essen zu teilen. Es verbindet. Wir kamen als Fremde und gingen als Freunde. Wir sind sehr dankbar, diese menschliche Erfahrung gemacht zu haben. Und wir möchten hervorheben, dass alle Frauen sehr inspirierend sind.

Die Rezepte, die in diesem Buch zusammengekommen sind, haben wir alle nicht nur bei den Frauen gekostet, sondern auch in unseren eigenen Küchen nachgekocht, um festzustellen, dass diese Rezepte richtige Erfolgsrezepte sind. Die Menüs sind schnell, einfach und unkompliziert ohne großen Aufwand nachzukochen. Für jeden Gaumen, jede Saison und jede Gelegenheit ist etwas dabei. Vom Candlelight-Dinner über das Familienfest bis hin zum schnellen chinesischen Menü.
So erfolgreich wie die Rezepte, sind auch die Frauen; ganz nach dem Zitat des amerikanischen Dichters Christopher Morley:
„Es gibt nur einen Erfolg: auf deine eigene Weise leben zu können."
Dies spiegeln auch die Frauen wider. Sie verfolgen alle ihre Werte, machen genau das, was sie immer wollten und zwar genau so, wie sie es immer wollten.

Wir alle sind täglich beschäftigt, immer auf dem Sprung, aber es lohnt sich jedes Mal aufs Neue, selbst zu kochen. Mit der Einfachheit der Rezepte wollen wir zeigen, dass jede Frau erfolgreich kochen kann, ohne groß Zeit zu investieren.
Kochen lohnt sich immer: Es schmeckt besser, es ist gesünder, es ist ein schönes Gefühl, das sich auch auf die Familie auswirkt. Es ist kreativ, zentrierend, entspannend, inspirierend und ansteckend. Kochen ist die Meditation der Genießer.

Mit diesem Buch möchten wir Sie, liebe Leserinnen, dazu animieren, mehr zu kochen und Ihr eigenes Erfolgsrezept zu finden.

Vive la France

KATHLEEN BERINGER, AUTORIN DIESES BUCHS

ICH HABE ES IMMER und immer wieder probiert, 1.000 Mal mindestens. Und jedes Mal war es ein bisschen besser als zuvor. Ich rede vom ersten Versuch meines Lieblingsmenüs, das ich vor langer Zeit für Freunde in New York gekocht habe. Damals ist so einiges schief gegangen, die Kartoffeln roh, das Fleisch durch und das Dessert klebte am Löffel, aber ich ließ mich nicht entmutigen und heute kann ich es sogar mit geschlossenen Augen machen. Nach mehr als zehn Jahren täglichem Kochen, manchmal sogar zweimal am Tag, habe ich es zum Glück zu einer gewissen Routine gebracht. Wobei mir die Fähigkeit, Gerichte mit Kreativität und Freude am Experimentieren zuzubereiten, bereits von meiner Mutter vorgelebt wurde. Geboren und aufgewachsen in Südfrankreich übernahm ich sehr schnell den dort typischen Sinn für gutes Essen, aber auch für Ästhetik und Geschmack. Seit ich denken kann, gilt meine Leidenschaft dem Design. Und als sich die Gelegenheit bot, in New York an der Parsons School of Design zu studieren, ergriff ich die Chance und arbeitete direkt im Anschluss für einige Zeit als Interior-Designerin im Big Apple. 2001 kam ich dann mit meinem Mann nach München und brachte dort auch meine Söhne zur Welt. Seit 2013 habe ich nun die künstlerische Leitung für mehrere Wohnprojekte inne.

Meine französischen Wurzeln brachte ich auch in Sachen Küche mit nach Deutschland. Ich liebe es, mit französischen Produkten wie Le-Puy-Linsen oder Jakobsmuscheln zu kochen und lasse mich für meine Gerichte von Reisen und verschiedenen Gewürzen inspirieren: Pfeffer aus Kambodscha oder wilder Thymian aus Montpellier, mit den besten Ausgangsprodukten sind meiner Fantasie keine Grenzen gesetzt. Ein Rezept brauche ich dafür nicht und meine über 50 Kochbücher habe ich nur, um in den schönen Bildern zu schwelgen. Ich liebe es, meine Gäste zu verwöhnen, denn ich bin eine echte „Gourmande", also eine Genießerin, die beim Essen nicht unbedingt auf die Kalorienanzahl achtet. Kleine kulinarische Sünden im Alltag versuche ich durch viel Gemüse – möglichst regional und saisonal – auszugleichen.

Und wie sieht für mich ein gelungener Abend aus? Wenn viel gelacht wird und keiner gehen will.

VORSPEISE

Linsensalat mit Jakobsmuscheln

Pssst …

Mit der Säure der Limetten und der richtigen Mischung der Gewürze und Kräuter bekommt das Gericht erst richtig Pep.

FÜR 6 PERSONEN

500 g trockene Puy-Linsen (alternativ: vorgekochte Linsen aus der Dose)

3 unbehandelte Limetten

1 Schalotte

½ Chilischote

1 Bund Koriander

1 kleine Dose Clementinen

12 – 18 Jakobsmuscheln (man rechnet 2 – 3 pro Person)

Olivenöl

FÜR DAS DRESSING

2 EL französischer Senf (Maille)

4 EL Olivenöl

Salz

Pfeffer

1 Linsen nach Packungsanleitung zubereiten, alternativ die Linsen aus der Dose abgießen und in eine große Schüssel geben.

2 Die Limetten mit einem Zestenreißer schälen. Alternativ die Schale mit einem Messer abnehmen und in sehr dünne Streifen schneiden. Zwei Limetten auspressen.

3 Für das Dressing den Senf mit dem Limettensaft mischen, Olivenöl zugeben und mit Salz und Pfeffer abschmecken. Nochmals gut emulgieren.

4 Dann die Schalotte klein schneiden, ebenso die Chilischote, Koriander (etwas davon für die Dekoration zur Seite stellen) sowie Limettenzesten.

5 Alles mit Linsen und Clementinenspalten (einige für die Dekoration zur Seite stellen) mischen und das Dressing gut unterrühren.

6 Die Jakobsmuscheln in einer Pfanne mit etwas Olivenöl 3 Minuten pro Seite goldbraun anbraten. Mit Alufolie abdecken, von der Herdplatte nehmen und etwa 5 Minuten ziehen lassen.

7 Den Salat auf einem Teller anrichten, mit einigen Clementinenspalten garnieren und die Muscheln daraufsetzen. Etwas gehackten Koriander aufstreuen.

HAUPTGANG

Rinderfilet mit Gratin Dauphinois und Sauce au poivre vert

FÜR 6 PERSONEN

FÜR DAS KARTOFFELGRATIN

2 kg mehligkochende Kartoffeln (z. B. Agata)

Butter

Salz

Pfeffer

2 große Knoblauchzehen

Olivenöl

1 l Sahne

½ TL Gemüsebrühepulver

FÜR DIE SAUCE

2 EL Rapsöl

1 kg Rindsknochen

500 g weiße Zwiebeln

1 EL schwarzer Pfeffer

1 Schuss Cognac

1 l Sahne

Salz

150 g grüner Pfeffer in Wasser eingelegt (Achtung: nicht in Essig!)

etwa 900 g Rinderfilet (man rechnet 150 g pro Person)

Olivenöl

800 g Prinzessbohnen

1 EL Butter

1 Knoblauchzehe, gehackt

4–5 Stängel Petersilie, klein geschnitten

1 Für das Kartoffelgratin den Ofen auf 180 °C vorheizen. Die Kartoffeln schälen und in 2 mm dicke Scheiben schneiden. Eine Auflaufform mit etwas Butter einfetten. Die Kartoffelscheiben hineinschichten, dabei jede Schicht mit Salz und Pfeffer würzen.

2 Die Knoblauchzehen schälen und leicht mit einem Messerrücken andrücken. Mit etwas Olivenöl in einem Topf anschwitzen, bis sie zu duften beginnen.

3 Die Sahne in den Topf geben, mit Gemüsebrühepulver sowie Salz und Pfeffer würzen und einmal aufkochen lassen. Die Kartoffeln mit der Sahnemischung begießen, bis sie bedeckt sind. Für mindestens 2 Stunden in den Ofen geben. Sollten die Kartoffeln zu dunkel werden, mit einem Stück Alufolie abdecken.

4 Für die Sauce das Rapsöl in einem großen Topf erhitzen und die Knochen von allen Seiten für 15–20 Minuten darin anbraten. Die Zwiebeln klein schneiden und dazugeben. Noch etwas Öl zugeben sowie den schwarzen Pfeffer. Sobald die Zwiebeln goldbraun geworden sind, mit Cognac ablöschen. 5 Minuten ziehen lassen, dann die Sahne aufgießen, die Temperatur auf kleine bis mittlere Hitze herunterschalten und 30 Minuten weiterköcheln lassen. Eventuell mit etwas Salz nachwürzen. Die Sauce durch ein Sieb passieren, den grünen Pfeffer dazugeben und in einer Sauciere servieren.

5 Das Fleisch von allen Seiten in der Pfanne in Olivenöl braun anbraten, mit Alufolie abdecken und im Ofen bei 100 °C 30 Minuten ziehen lassen.

6 Die Prinzessbohnen waschen und putzen und am besten im Dampfgarer (etwa 15 Minuten Garzeit) zubereiten. Die Butter unterrühren und mit Salz, Pfeffer, Knoblauch sowie Petersilie würzen.

7 Die Bohnen zusammen mit je einem Stück Fleisch auf einem Teller anrichten. Das Kartoffelgratin mithilfe eines Ausstechers in Form bringen und danebensetzen.

Psssst …

Das Kartoffelgratin lässt sich sehr gut vorbereiten, aufgewärmt schmeckt es sogar noch besser.

Das Fleisch kann man bei 50 °C im Ofen ruhen lassen, bis es serviert wird.

Pssst ...

Es ist wichtig, dass die Crème im Ofen nicht kocht, sonst verliert sie die gewollte Konsistenz.

DESSERT

Crème brûlée

FÜR 6 PERSONEN

- 6 Eier
- 100 g Zucker
- 3 Vanilleschoten
- 550 ml Sahne
- 180 ml Milch
- brauner Zucker
- Früchte nach Wunsch
- 1 Flambierbrenner

1 Die Eier trennen und das Eigelb mit dem Zucker verrühren.

2 Die Vanilleschoten längs aufschneiden und das Mark herauskratzen. Mit Sahne und Milch in einem Topf aufkochen und anschließend abkühlen lassen.

3 Noch warm, aber nicht mehr heiß die Eigelb-Zucker-Mischung unterrühren.

4 In kleine ofenfeste Förmchen abfüllen und 1,5 Stunden bei 90 °C in den Ofen geben, dann abkühlen lassen. Möchte man die Crème brûlée vorbereiten, kann man sie auch über Nacht im Kühlschrank aufbewahren.

5 Vor dem Servieren mit etwas braunem Zucker bestreuen und mit dem Flambierbrenner karamellisieren. Nach Belieben mit einigen frischen Früchten dekorieren.

RECHTS OBEN Durch ein ähnliches Farbschema der Accessoires entsteht Harmonie. **RECHTS UNTEN** Die Symmetrie im Raum wirkt beruhigend.

Persische Geselligkeit

DORNA HEKMAT, CEO UND CO-GRÜNDERIN VON I-FRONT DESK

FRAGT MAN DORNA HEKMAT nach den Düften ihrer Kindheit, antwortet sie sofort „Safran, Rosenwasser und Reis". Die Perserin mit der langen schwarzen Mähne und den lebendigen dunklen Augen stammt aus einer der ältesten Fürstenfamilien Persiens, den Ghashghai. Ihr Volk sind Nomaden, stolze, freie Menschen, die noch heute mit ihren Herden und Zelten durch die Steppen des Südens ziehen. „Während der Sommerferien durfte ich oft wochenlang mit den Ghashghai-Kindern zusammen sein", erinnert sie sich gerne zurück. Mit zehn Jahren aber wurde die politische Situation des Landes so gefährlich, dass sie mit ihren Eltern fliehen musste. Schutz und neue Heimat fand die Familie in München.

Über ihren Beruf sagt Dorna, dass die gastfreundliche Welt der Hotellerie sie schon ganz früh angezogen hat. Deshalb legte sie mit einer Ausbildung im Hotelfach den Grundstein für ihre Karriere in dieser Branche. Nach verschiedenen Stationen in der Luxushotellerie spezialisierte sie sich schließlich auf den Front-Desk-Bereich, der auch das Hauptthema ihres Start-ups wurde.

Auch wenn sie gezwungen war, ihre Heimat zu verlassen, hat sie doch einige Rituale aus ihrem Elternhaus übernommen, wie zum Beispiel leidenschaftlich gerne Freunde zum Essen einzuladen, manchmal sogar ein- bis zweimal die Woche. Schon während ihrer Studienzeit tischte sie ihren Gästen am liebsten ihre „sichere Nummer", persischen Linsenreis mit Datteln, Rosinen und Nüssen, auf – die Zutaten dafür hat sie meistens zu Hause, „und es gab noch keinen, dem es nicht geschmeckt hat". Dominiert wird ihr Kochstil zwar von der persischen Küche, aber wenn es mal schnell gehen muss, gibt es meistens gedämpftes Gemüse mit rotem Reis und geräuchertem Fisch aus dem Bioladen, über dessen Reste sich ihre beiden Weimaraner immer sehr freuen; manchmal auch ihre speziellen Spaghetti Bolognese. Überhaupt passt sie das Essen gerne dem Tagesablauf an, denn „es soll ja entspannen und keinen zusätzlichen Stress verursachen". Zu ihrer Entlastung bereitet sie möglichst viel vor und greift auch mal auf Küchentricks zurück. In ihrer in warmen, kräftigen Farben gehaltenen Wohnung will wohl jeder gerne Gast sein: Angefangen beim Apéro, über den gedeckten Tisch und die passende Musik, bis hin zum krönenden Abschluss, einem frischen Minztee und dazu Pralinen; jeder Bestandteil trägt dazu bei, dass sich Gäste bei ihr wohlfühlen. Nur eines darf am Ende eines Abends nie fehlen: „Nach dem Essen muss die Küche aufgeräumt sein, sonst kann ich nicht einschlafen!"

VORSPEISE

Persischer Rote-Bete-Salat

FÜR 6 PERSONEN

5 Knollen vorgekochte Rote Bete

500 g griechischer Joghurt (10 % Fettgehalt)

persisches Blausalz

Pfeffer

2 Zweige frische Minze

getrocknete Rosenblütenblätter

1 Die Rote Bete in etwa 1 cm dicke Scheiben schneiden und diese halbieren.

2 Mit dem Joghurt mischen und nach Geschmack mit Blausalz und Pfeffer abschmecken.

3 Die Minzeblätter abzupfen und zusammen mit den Rosenblütenblättern auf der Roten Bete anrichten.

Psssst …

Wenn man die Linsen mit kochendem Wasser übergießt, spart man sich das vorherige Einweichen.

HAUPTGANG

Linsen mit Dattelreis

FÜR 6 PERSONEN

3 Handvoll Datteln ohne Kerne

175 g Walnüsse

50 g Butter

100 g Rosinen

2 TL Zimt

4 Prisen brauner Zucker

4 Tassen Basmatireis

2 Tassen Linsen

1 Datteln, Rosinen und Walnüsse mit 25 g Butter, dem Zimt und dem Zucker leicht erhitzen. Bei mittlerer Hitze etwa 15 Minuten kochen und dabei ständig rühren.

2 Die Linsen in einem Sieb mit kochendem Wasser übergießen. Den Reis waschen und mit der gleichen Menge leicht gesalzenem Wasser und den Linsen zum Kochen bringen. Sobald es kocht, den Deckel auf den Topf setzen und bei geringer Hitze 15 Minuten ziehen lassen.

3 Dann den Reis aus dem Kochtopf nehmen und die restlichen 25 g Butter darin erhitzen. Sobald die Butter heiß geworden ist, den Reis wieder in den Topf geben und bei mittlerer Hitze etwa 15 Minuten leicht anbrennen lassen.

4 Das Spülbecken mit kaltem Wasser füllen. Dann den Topf vom Herd nehmen und im Wasser abschrecken. Den Topf wenden, den Reis mit der Kruste auf einen großen Teller oder eine Servierplatte stürzen und die Trockenfrüchtemischung darauf verteilen. Noch heiß servieren.

DESSERT

Frische Heidelbeeren mit Crème fraîche

FÜR 6 PERSONEN

2 Becher Crème fraîche (etwa 300 g)

2 Schalen frische Heidelbeeren (etwa 350 g)

Crème de Cassis

Zuckerblüten (optional)

1 Je zwei große Löffel Crème fraîche in Dessertschälchen füllen und 2–3 große Löffel Heidelbeeren dazugeben.

2 Crème de Cassis nach Geschmack angießen.

3 Nach Wunsch mit kleinen Dekorbestandteilen, wie farblich passenden Zuckerblüten etc., dekorieren und servieren.

Psssst ...

Das besondere Etwas macht's: Crème de Cassis liefert den richtigen Kick und farblich passende Zuckerblüten die individuelle Deko.

Der alte Holztisch braucht keine Tischdecke,
er wirkt auch so warm und einladend.

Ich sammle gerne Kunst von Freunden.

Die angelehnten Bilder schaffen eine ungezwungene
Atmosphäre, genauso wie die vielen Farben im Raum.

Wenn es noch schneller gehen muss

MINMIN PENG, GRÜNDERIN UND DESIGNERIN VON SHANGHAISTANDARD

SOJASAUCE, SCHWARZES SESAMÖL, Seetang, Wakame, Karotten, Äpfel und Misopaste – das sind die Grundzutaten in Minmin Pengs Küche. Die in Shanghai geborene Designerin mit dem eigenen Label „shanghaistandard“ kocht jeden Tag frisch für ihre Familie. Mal dauert es, bis das Essen auf dem Tisch steht, manchmal muss es aber auch ganz schnell gehen. Dass sie eine so versierte und regelmäßige Köchin ist, war aber nicht immer so. In ihrem Elternhaus war es der Vater, ein Schauspieler, der sich um das Essen der Familie kümmerte. „Ich habe mir in dieser Zeit nie Gedanken über das Kochen oder Essen gemacht“, sagt Minmin. Erst, als sie nach ihrem Modestudium in Tokyo mit 25 Jahren einen Job in Dallas annahm, musste sie sich zwangsläufig der Tatsache stellen, dass es Zeit ist, kochen zu lernen. „Es folgten viele Telefongespräche mit meinem Vater, denn die Chinesen schneiden sogar das Gemüse anders.“ Aber das Kochen machte ihr Spaß und half auch beim Relaxen. „Kochen ist entspannend, weil es eine Erfahrung ist. Ich entdecke neue Geschmäcke und welche Kombinationen funktionieren.“

Heute hat sie es sich zur Tradition gemacht, jede Woche mindestens einmal Freunde einzuladen, um sie zu bekochen. Sie serviert ihnen am liebsten „Fusion Food“, statt original chinesischem Essen. Die Produkte, die sie verwendet, sind meist saisonal und organisch. Da sie selbst kein Fleisch isst, versucht Minmin, oft Nüsse in Suppen oder Salaten zu verarbeiten. „40% meines Essen sind Körner, 40% Gemüse und 20% Fisch oder Meeresfrüchte.“ Man sieht, diese Frau macht sich viele Gedanken um gesunde Ernährung. Auch isst sie immer warm, die einzige Ausnahme ist der Smoothie am Morgen.

Bei ihren Dinnerpartys setzt sie auf einen selbst gemachten Bellini als Aperitif und reicht dazu Dumplings mit Gemüse und Pilzen als Starter, meist gibt es einen Salat mit Nüssen und Gojibeeren als Basis, und der wird immer wieder neu variiert. Es folgen Hauptspeise und Dessert, der Schluss ist klassisch Tee oder Kaffee. Begleitet von guter Musik und bunt gemischten Leuten kann der Abend nur gelingen, auch wenn sie – wie vor ein paar Jahren – zu viel Szechuanpfeffer ins Essen mischt und den Gästen damit die Zungen betäubt.

Inspirieren lässt sie sich für all ihre Gerichte gerne von Kochbüchern, „ich schaue aber nur die Bilder an und entwickle meine eigenen Kreationen“. Da bekommt man große Lust, in Minmins Töpfe zu schauen…

VORSPEISE

Edamame, Salat à la Minmin und Misosuppe

Psssst …

Der Sternanis gleicht den bitteren Geschmack der Edamame aus.

Die Gurke mit ¼-Drehungen wie einen Bleistift keilförmig schneiden – schaut nicht nur gut aus, sondern schmeckt auch anders.

FÜR 6 PERSONEN

FÜR DIE EDAMAME

400 g Edamame
(TK-Ware, unreif geerntete Sojabohnen)

2 Sternanis

1 EL grobes Meersalz

1 2 Liter Wasser zum Kochen bringen, dann Edamame und Sternanis zugeben.

2 Einen Deckel auf den Topf setzen und die Temperatur herunterschalten. Etwa 5 Minuten ziehen lassen, anschließend über einem Sieb abgießen.

3 Die Bohnen in eine Schale füllen und Meersalz darüberstreuen. Noch warm servieren.

FÜR DEN SALAT

250 g Kirschtomaten

1 Gurke

3 Handvoll Sojasprossen (optional)

2–3 Knoblauchzehen, zerdrückt

1 Prise Salz

1 Prise Pfeffer

1 EL Walnüsse, gehackt

1 EL Gojibeeren

1 EL schwarzer Sesam

1 Stück Algenblatt (optional)

FÜR DAS DRESSING

2 EL Sojasauce

2 EL Sesamöl

1 EL Ume Su
(Würzsauce aus Umeboshi-Aprikosen; erhältlich im Asialaden oder über das Internet, optional.)

1 Die Tomaten im Ganzen in eine Schüssel geben. Die Gurke in schräge, leicht keilförmige Scheiben schneiden und dazugeben. Je nach Belieben auch die Sojasprossen hinzufügen sowie den Knoblauch untermischen. Mit Salz und Pfeffer würzen und mindestens 5 Minuten ziehen lassen.

2 Für das Dressing alle Zutaten erst kurz vor dem Servieren miteinander vermischen und über den Salat geben. Nach Wunsch den Knoblauch entfernen und abschließend Walnüsse, Gojibeeren und Sesam darüberstreuen. Nach Belieben mit einem Algenblatt garnieren.

3 In kleinen Schälchen servieren.

FÜR DIE SUPPE

1 l Wasser

300 g Seidentofu

2 EL helle Misopaste

2 EL Seetang

1 Stange Frühlingszwiebeln

1 Tofu würfeln, zusammen mit dem Wasser in einen Topf geben und zum Kochen bringen.

2 Währenddessen die Misopaste mit etwas kaltem Wasser verdünnen und mit dem Seetang in die Suppe geben.

3 Die Frühlingszwiebeln in feine Ringe schneiden, in den Topf geben und die Hitze reduzieren. 5 Minuten bedeckt ziehen lassen.

4 In kleinen Schälchen servieren.

HAUPTGANG

Lachs in der Folie mit Überraschungsreis

FÜR 6 PERSONEN

6 Tassen Sushireis

1 Prise Salz

1 Ingwerknolle (etwa 7 cm lang)

6 gleichmäßige Lachsfilets

1 Bund Thai-Basilikum oder Koriander

4 EL Sesamöl

6 EL Sojasauce

1 EL rote Pfefferkörner

2 TL Sojabohnenpaste

2 TL Chilipaste

schwarzer Sesam

1 Den Backofen auf 160 °C Umluft vorheizen. Den Reis mit der gleichen Menge Wasser und einer Prise Salz in einem Topf zum Kochen bringen. 5 Minuten bei hoher Temperatur kochen lassen. Die Hitze reduzieren und einen Deckel auf den Topf setzen. Nach etwa 10 Minuten den Herd auf die niedrigste Temperatur stellen und den Reis 20 Minuten gar ziehen lassen.

2 Den Ingwer in dünne Streifen schneiden. (Mit der Schale verarbeiten, da dort alle Vitamine versteckt sind.) Aus Alufolie sechs Quadrate mit den Maßen 25 x 25 cm zurechtschneiden. Auf jedes Stück Alufolie ein Lachsfilet legen und dieses mit je 2–3 Zweigen Thai-Basilikum sowie einigen Ingwerstreifen garnieren.

3 Die Folie mit Lachs und Kräutern wie ein Päckchen falten. Die Päckchen anschließend für etwa 16 Minuten in den Ofen geben.

4 Für die Sauce das Sesamöl mit Sojasauce, roten Pfefferkörnern, Sojabohnenpaste und Chilipaste vermischen.

5 Zum Servieren ein paar schwarze Sesamkörner auf den Boden einer Tasse oder einer kleinen Schale geben. Mit gekochtem Reis auffüllen und umgedreht neben je einem Lachspäckchen auf dem Teller platzieren. Für den Überraschungseffekt hebt der Gast selbst die Tasse und öffnet das Alufoliepäckchen, erst dann entdeckt er Reis und Lachs. Zudem bleibt das Essen auf diese Weise warm, bis alle Gäste ihr Essen vor sich auf dem Tisch stehen haben.

6 Die Sauce separat in einer Sauciere reichen.

Pssst …

Der Reis unter der Schüssel und der Lachs in der Folie sorgen für den Überraschungseffekt.

DESSERT

Warme Reisbällchen mit Vanilleeis

FÜR 6 PERSONEN

12 tiefgefrorene Reisbällchen („Glutinous Rice Balls" mit Schwarzer-Sesam-, Rote-Bohnen- oder Erdnussfüllung, erhältlich im Asia-Markt, man rechnet 2 pro Person)

1 Packung Vanilleeis (etwa 1 Liter)

schwarzer Sesam

2 Orangen, in Spalten geschnitten

1 2 Liter Wasser zum Kochen bringen und die Reisbällchen hineingeben. Wenn die Bällchen an die Wasseroberfläche steigen, mit einer Kelle entnehmen, das Wasser gut abtropfen lassen und in einem kleinen Schälchen platzieren.

2 1–2 Kugeln Vanilleeis danebensetzen, etwas Sesam aufstreuen und mit Orangenspalten garniert servieren.

OBEN UND LINKS Individuelles Geschirr in harmonierenden Farbtönen setzt Akzente.

Am Esstisch ist jeder Stuhl ein anderer, aber alle haben ähnliche Proportionen, deshalb erscheinen sie als Einheit. Orange Farbtupfer geben dem Raum Energie.

High Tea

ISABEL MAY, MANAGERIN

MODE UND KOCHEN – zwei Dinge, die für Isabel May untrennbar miteinander verbunden sind. Schon als kleines Mädchen lernte sie von ihrer Mutter und Großmutter, dass sowohl die Mode, als auch die Küche einen gewissen Sinn für Ästhetik erfordern. „Ich liebe es, die Dinge schön anzurichten." Mittlerweile ist es für sie zum Ritual geworden, ihren Geburtstag mit Freundinnen bei einem „High Tea" zu feiern. Auf ihrem Tisch findet man dann all die köstlichen Kuchen, Scones und Sandwiches auf ihrem Lieblingsporzellan angerichtet: „Ich liebe Porzellan – das ist ein bisschen altmodisch, aber ich habe über die letzten Jahre unterschiedliche Nymphenburg-Porzellan-Tassen gesammelt. Jede erzählt eine eigene Geschichte, und so kann sich jeder Gast seine Tasse für den Nachmittag aussuchen." Und wie bringt sie nun die Mode mit ins Spiel? Seit dem Studium arbeitet Isabel für die Mode- und Luxusgüterindustrie in unterschiedlichen Positionen – aber auch das war schon immer ihre Leidenschaft, da sie diese schnelllebige Welt faszinierend und inspirierend findet.

Isabels Sinn für die schönen Dinge des Lebens zeigt sich auch in ihren Vorlieben, was die Dekoration bei privaten Abendessen angeht. Die Einrichtung ihres Hauses ist ganz schlicht in Grau und Naturtönen gehalten, sozusagen als „Leinwand" für die unterschiedlichen Stimmungen ihrer Dinner, die sie „wie ein Set Design" inszeniert, „alles wird arrangiert und sieht doch vollkommen natürlich aus". Von der Musik über die Deko bis zum wichtigsten Bestandteil, dem Essen, ist im Hause May alles wohl durchdacht. Für die perfekte Stimmung empfiehlt sie einen Mix aus französischen Chansons, „Easy Listening" und Jazz, die gleichen Blumen in unterschiedlichen Vasen und, ganz wichtig, Kerzen. Dies und die Fähigkeit, verschiedene interessante Menschen zusammenzubringen, machen für Isabel einen guten Gastgeber aus. Am liebsten mag sie es einfach und ganz natürlich – ohne Schnick-Schnack mit besten Zutaten: Die deutsche und österreichische Küche mit einem gewissen Pfiff haben es ihr angetan, „feine, veredelte Hausmannskost" sozusagen. Sie kocht bevorzugt Wild und Rind für Freunde und Familie und schwelgt dabei gleich in Kindheitserinnerungen, in denen sie den Duft der Dampfnudeln in der Küche ihrer Großeltern in der Nase hat. Und wenn sie mal nicht selbst kocht? Dann freut sie sich, mit Freunden in Restaurants essen zu gehen oder sich auch nur einen Drink zu genehmigen.

Psssst …

Am besten echtes italienisches Tramezzinibrot verwenden, das dichtporig, feucht und rindenlos ist.

SNACK

Eier-Sandwiches

FÜR 6 PERSONEN

12 Bio-Eier (Größe L)

200 g Schinkenspeck

5 große Gewürzgurken

2 Packungen Frischkäse (am besten Philadelphia, etwa 350 g)

3 EL Mayonnaise

Salz

frisch gemahlener Pfeffer

Tramezzinischeiben (italienisches Toastbrot)

1 Zunächst die Eier hart kochen. Dann den Speck in Würfel schneiden und auf ein mit Backpapier belegtes Backblech geben. Im vorgeheizten Ofen bei 180 °C knusprig backen.

2 Dann Eier und Gewürzgurken hacken und mit den Speckwürfeln mischen. Frischkäse und Mayonnaise unterrühren, sodass eine cremige, streichfähige Masse entsteht. Nach Belieben kann man auch etwas Joghurt zugeben. Mit Salz und Pfeffer abschmecken.

3 Die Hälfte der Tramezzinischeiben auf ein Brett legen und gleichmäßig mit der Eiermasse bestreichen, dann die restlichen Scheiben auflegen und leicht andrücken.

4 Mit einem sauberen Geschirrtuch bedecken und erst kurz vor dem Servieren in mundgerechte Sandwiches portionieren. Dieser Schritt sollte unbedingt beachtet werden, da das Brot sonst an den Rändern wellig wird.

THE LITTLE BLACK JACKET

LOUIS VUITTON
CAROLINA HERRERA
PARIS
THE LITTLE BLACK JACKET

LADURÉE
Paris

ZUM TEE

Scones

FÜR 10 STÜCK

120 g getrocknete Sauerkirschen

Orangensaft zum Einweichen

450 g Mehl

1 Pck. Backpulver

120 g Butter

2 große Bio-Eier

5 EL Milch + etwas zusätzlich zum Bestreichen

Salz

dazu: verschiedene Marmeladen, wenn möglich selbst gemacht, und Clotted Cream (in britischen Geschäften erhältlich)

1 Den Backofen auf 200 °C vorheizen und die getrockneten Sauerkirschen mit etwas Orangensaft bedecken und für einige Stunden einweichen.

2 Das Mehl mit Backpulver mischen, die Butter in Flocken mit den Fingern unter die Mehlmischung „reiben“ und eine Mulde in die Mitte drücken.

3 In einer zweiten Schüssel die Eier mit der Milch verquirlen, dann die abgetropften Kirschen und etwas Salz dazugeben.

4 Die Eiermilch-Mischung in die Vertiefung der Mehl-Butter-Mischung geben und alles zu einem weichen, trockenen Teig kneten.

5 Diesen etwa 2 cm dick ausrollen und mithilfe eines Glases oder runden Ausstechers von etwa 7 cm Durchmesser Kreise herstellen.

6 Die Kreise auf ein mit Backpapier belegtes Backblech geben und mit einem Pinsel mit etwas Milch bestreichen.

7 Im Anschluss 12–15 Minuten in den vorgeheizten Backofen geben. Nach dieser Zeit sollten die Scones aufgegangen sein.

8 Nach Belieben mit verschiedenen Marmeladensorten sowie Clotted Cream servieren.

Psst ...

Zur Deko die gleichen Blumen in unterschiedlichen Gefäßen arrangieren.

GANZ LINKS Der kleine Raum wirkt größer, da die Gestaltung Ton in Ton gehalten ist.
LINKS Kontraste setzen: Der schwarze Hintergrund mit dem weißen Porzellan wirkt wie ein Schmuckkästchen.
UNTEN Akzente setzen: Viele unterschiedliche Elemente geben ein individuelles Flair.

Das Buffet mit unterschiedlichen Ebenen erweckt Spannung: Kleine Blumenvasen vorne, mittelgroße in der Mitte und große Gestecke hinten erzeugen eine Perspektive, unterstützt von der Etagere.

AEG

Weil alles erlaubt ist

BEATE DIOP, FOODREDAKTEURIN

LIEBEVOLL HANDGESCHRIEBENE Menükarten, selbst beklebte Kerzen, Suppe mit bunten Strohhalmen oder Brotsticks in hübschen Papiertütchen: Ganz klar, hier muss ein Deko-Profi am Werk sein! Und das ist Beate Diop auch, seit zweieinhalb Jahren arbeitet sie als Foodredakteurin bei der Zeitschrift „Lecker". Aber das Thema „Essen und Trinken" fand den Anfang in ihrem Leben schon viel früher: Während der Schulzeit absolvierte sie ein Praktikum in einem Hotel. „In der Küche hat es mir einfach am besten gefallen." Daher lernte sie nach dem Abitur Kochen von der Pike auf, „denn das braucht man immer". Im Anschluss landete sie als Praktikantin in den Versuchsküchen zweier großer Zeitschriftenverlage in Hamburg. Zwischendurch legte sie einen viermonatigen Stopp in Paris ein. Dort besuchte sie die Sprachenschule und bekochte eine Familie mit drei Kindern. „Mein Highlight waren karamellisierte Bananen zum Abendessen, und die Kinder gingen glücklich und vor allem brav ins Bett." Zurück in Hamburg arbeitete sie in der Versuchsküche des Heinrich-Bauer-Verlages als Foodstylistin. Die Zeitschrift „Freundin" in München wollte sie schließlich als Redakteurin engagieren und ermöglichte ihr zugleich den Besuch der Journalistenschule. Zum Schluss ihrer fast zehnjährigen Redaktionszeit gründete und leitete sie mit ihrem Ex-Mann über mehrere Jahre das kreolische Restaurant „Fouquets". Schließlich stieg sie aus der Gastronomie aus, begann als freie Foodredakteurin in München und fand wieder den Weg in den Norden. Seitdem arbeitet sie bei „Lecker".

Obwohl sie sich täglich mit Koch- und Backrezepten beschäftigt, kocht sie gerne für ihre Kinder. Aber nur alle zwei Tage, im Wechsel mit der klassischen Brotzeit. „Wenn ich für meine Kinder koche, muss es immer recht schnell gehen. Natürlich haben wir unsere Standards. Doch wenn ich etwas Neues auf den Tisch bringen möchte, wird es gerne mal stressig, es soll ja allen schmecken. Bitten mich Freunde, für ein Fest etwas mitzubringen, experimentiere ich gerne etwas pikanter mit Ingwer, Chili und Koriander. Dann ist es spannender und gleichzeitig die totale Entspannung." Bei allen – auch berufsbedingten – Gedanken um Ernährung, ist es Beate wichtig, den Genuss nicht aus den Augen zu verlieren. Und natürlich, bei leckerem Essen und harmonischer Stimmung ein gemütliches Abendessen mit Gästen zu verbringen: „Als Fremde kommen und als Freunde gehen", ein wunderbares Motto für eine Dinnerparty bei ihr …

VORSPEISE

Rote-Bete-Ingwer-Suppe

FÜR 6 PERSONEN

FÜR DIE SUPPE

1 Zwiebel

3 mehligkochende Kartoffeln (etwa 250 g)

1 Karotte

500 g Rote Bete (vakuumverpackt)

2 Knoblauchzehen

1 pflaumengroßes Stück Ingwer

1 EL Sesamöl

1 EL brauner Zucker

etwa 3 EL Limettensaft

etwa 1,2 l Gemüsebrühe

Sojasauce

FÜR DIE KORIANDERCREME

4–6 Zweige Koriander (mit Wurzeln)

75 g Crème fraîche

1–2 EL helle Sojasauce

FÜR DIE CROÛTONS

etwa 2 große Scheiben Weizenmischbrot

3 EL Sesamöl

½ TL Chiliflocken

Meersalz

1 Für die Suppe die Zwiebel schälen und fein würfeln. Kartoffeln und Karotte schälen und klein schneiden. Rote Bete in Stücke schneiden. Knoblauch schälen, Ingwer waschen und beides fein würfeln.

2 Das Sesamöl in einem Topf erhitzen. Die vorbereiteten Zutaten, bis auf etwa die Hälfte des Knoblauchs und ½ TL Ingwer, darin andünsten. Mit braunem Zucker bestreuen und karamellisieren lassen. Mit Limettensaft ablöschen und etwa 700 ml Brühe auffüllen, bis alles gut bedeckt ist. Abgedeckt etwa 20 Minuten köcheln, bis das Gemüse weich ist.

3 Währenddessen für die Koriandercreme den Koriander waschen und trocken schütteln. Die Wurzeln abschneiden und für die Croûtons beiseitelegen. Korianderblättchen und Stiele klein schneiden. Mit Crème fraîche in einen hohen Rührbecher geben und mit einem Stabmixer pürieren. Mit Sojasauce (alternativ Meersalz) abschmecken. Nach Belieben etwa 1 EL Wasser unterrühren, wenn die Creme etwas dünner sein soll.

4 Für die Croûtons die Brotscheiben toasten und in lange, etwa 2 cm breite Streifen schneiden. Korianderwurzeln hacken. Sesamöl in einer Pfanne erhitzen. Die Brotstreifen darin auf beiden Seiten bei mittlerer bis starker Hitze goldbraun braten, dabei einmal wenden. Beiseitegestellten Knoblauch und Ingwer mit gehackten Korianderwurzeln und Chiliflocken zugeben, kurz mitbraten. Die Brotscheiben nochmals wenden und mit Meersalz würzen.

5 Die Suppe mit dem Stabmixer pürieren, dabei die restliche Brühe bis zur gewünschten Konsistenz angießen. Aufkochen und mit etwas Sojasauce abschmecken. Die Suppe nochmals kurz mit dem Stabmixer pürieren und auf Gläser verteilen. Je etwa 1 EL Koriandercreme daraufgeben, den Rest zusätzlich servieren. Mit etwas frischem Koriander garnieren. Croûtons separat reichen oder auf die Gläser legen. Mit Strohhalm servieren.

Pssst …

Die Brotstreifen können auch in Kokosfett angebraten werden.

Koriandercreme schmeckt auch super zum Couscoussalat (Taboulé).

HAUPTGANG

Cajun Duck an Taboulé créole

FÜR 6 PERSONEN

FÜR DAS TABOULÉ

1 Gurke

1 Bund Frühlingszwiebeln

2 Karotten

4 Tomaten

3 Zweige frische Minze

je 1 Bund Petersilie und Koriander

1 walnussgroßes Stück Ingwer

1 Knoblauchzehe

1 rote Peperoni

2 EL Sesamöl

450 ml Gemüsebrühe

3 EL helle Sojasauce

2 EL Limettensaft

250 g Couscous (vorbehandelt)

2 EL Erdnüsse, geröstet und gesalzen

FÜR DIE ENTENBRUST MIT MANGOSAUCE

4 Entenbrustfilets à 350 g

Currypulver (z. B. Thai-)

Salz

Pfeffer

1 EL brauner Zucker

etwa 400 ml Rotwein

1 reife Mango

2 EL helle Sojasauce

1 Für das Taboulé die Gurke waschen oder schälen, längs halbieren, entkernen und in kleine Würfel schneiden. Frühlingszwiebeln putzen und waschen. Von der Hälfte der Zwiebeln das Weiße für die Sauce klein schneiden und beiseitelegen. Die restlichen Frühlingszwiebeln in dünne Ringe schneiden. Karotten schälen und grob raspeln. Tomaten waschen, halbieren, entkernen und in Würfel schneiden. Minze, Petersilie und Koriander waschen, trocken schütteln und die Blätter in Streifen schneiden.

2 Ingwer und Knoblauch schälen, beides fein würfeln. Peperoni längs halbieren, entkernen, waschen und in feine Streifen schneiden. Sesamöl in einem Topf erhitzen. Ingwer, Knoblauch und Peperoni darin andünsten. Die Brühe angießen und aufkochen. Mit Sojasauce und Limettensaft würzen.

3 Für die Entenbrust den Backofen vorheizen (Ober- und Unterhitze: 200 °C/Umluft: 175 °C). Die Entenbrustfilets waschen, trocken tupfen und die weiße Fettschicht rautenförmig einschneiden. Entenbrust rundum mit Currypulver einreiben. Mit der Hautseite nach unten in eine große Pfanne legen. Bei mittlerer Hitze etwa 10 Minuten braten, bis das Fett austritt und die Haut knusprig ist. Filets wenden und auf der Fleischseite nur kurz anbraten. Mit Salz und Pfeffer würzen und mit der Haut nach oben in eine ofenfeste Form legen. Im Ofen etwa 8 Minuten fertig garen.

4 Inzwischen den Couscous in eine Schüssel geben. Die heiße Würzbrühe darübergießen – der Couscous soll etwa fingerbreit bedeckt sein. Abgedeckt etwa 10 Minuten quellen lassen.

5 Für die Sauce vom ausgetretenen Entenfett in der Pfanne so viel abgießen, dass der Pfannenboden noch knapp 1 cm hoch bedeckt ist. Das beiseitegelegte Weiße der Frühlingszwiebeln kurz darin anbraten. Mit Zucker bestreuen und karamellisieren lassen. Mit Wein ablöschen und etwa 5 Minuten köcheln lassen. Die Mango schälen. Das Fruchtfleisch erst vom Stein, dann in Würfel schneiden. Gut die Hälfte davon in die Sauce geben und einmal aufkochen lassen. Die Rotweinsauce in einen hohen Rührbecher umfüllen und mit dem Stabmixer pürieren. Restliche Mangowürfel dazugeben, mit etwas Sojasauce abschmecken und warm halten.

6 Couscous mit einer Fleischgabel oder Essstäbchen auflockern. Das vorbereitete Gemüse, Kräuter und Erdnüsse untermischen. Taboulé nach Geschmack mit Sojasauce und Limettensaft nachwürzen.

7 Entenbrustfilets aus dem Ofen nehmen, etwa 3 Minuten abgedeckt ruhen lassen, dann in Scheiben schneiden. Mit warmem Couscoussalat und Mangosauce anrichten.

Pssst …

Die Tomatenhälften einfach mit dem Löffel entkernen, das spart Zeit.

DESSERT

Kokos-Brownies mit Frozen Chai Latte

Pssst ...

Zierlauch in einer alten Milchkanne ist eine schöne Deko, die überall Platz findet.

FÜR 6 PERSONEN

FÜR DEN FROZEN CHAI LATTE

1 Dose kalte gezuckerte Kondensmilch (etwa 397 g)

200 ml Sahne

1 TL Zitronensaft

1 Päckchen lösliches Chai-Latte-Pulver (etwa 25 g)

KOKOS-BROWNIES

130 g dunkle Kuvertüre (mindestens 70 % Kakaogehalt)

80 g Butter

2 Eier (Größe M)

80 g Zucker

¼ TL Salz

60 g Mehl

2 EL Kokosraspel

250 g Himbeeren

12 Muffinkapseln

1 Für den Frozen Chai Latte gezuckerte Kondensmilch und Sahne mit den Schneebesen des Handrührgeräts etwa 5 Minuten aufschlagen. Erst Zitronensaft, dann Chai-Latte-Pulver unterrühren und etwa 2 Minuten weiterschlagen. Zum Beispiel in einen ausgespülten Eisbehälter füllen und abgedeckt mindestens 6 Stunden (am besten über Nacht) einfrieren.

2 Für die Kokos-Brownies den Backofen vorheizen (Ober- und Unterhitze: 200 °C/Umluft: 175 °C). Die Kuvertüre hacken und im heißen Wasserbad schmelzen. Herausnehmen und die Butter in Stückchen unterrühren, bis sie geschmolzen ist.

3 Eier, Zucker und Salz in einer Rührschüssel kurz mit dem Schneebesen verrühren. Mehl und Kokosraspel unterheben. Dann die Schokoladenbutter nach und nach unterziehen.

4 Papierkapseln in die Vertiefungen eines Muffinbackbleches setzen und den Teig darin verteilen. Im Ofen etwa 9 Minuten backen.

5 Die Himbeeren verlesen, eventuell waschen und abtropfen lassen. Die Hälfte der Beeren mit dem Stabmixer pürieren und durch ein feines Sieb streichen.

6 Kokos-Brownies aus dem Ofen nehmen, vorsichtig aus den Mulden heben und noch warm aus den Papierförmchen lösen. Auf Teller setzen.

7 Vom Frozen Chai Latte mit einem Teelöffel oder einem kleinen Eisportionierer Nocken oder Kugeln abstechen und auf die Brownies geben. (Das übrig gebliebene Eis wieder einfrieren.) Die Himbeersauce darüberträufeln und mit den restlichen Himbeeren garnieren. Sofort servieren. Sie haben dann einen weichen, leicht flüssigen Kern. Wer sie lieber durchgebacken mag, lässt sie einfach etwa 3 Minuten länger im Ofen.

Ein Urban-Dinner in Berlin

SANDRA LIERMANN, DESIGNERIN UND GRÜNDERIN VON LIEBIG

„ALS ECHTE BERLINERIN ist man hier in Berlin-Mitte eine Rarität", sagt Sandra Liermann über sich selbst. Noch heute sieht man der schlanken Blondine an, dass sie zum einen in ihrer Jugend leidenschaftlich Leichtathletik betrieben und zum anderen einmal als Model gearbeitet hat. In dieser Zeit reiste sie durch die Welt, verspürte aber nach dieser intensiven Phase ihres Lebens wieder Sehnsucht nach ihrer Heimatstadt. Sie kehrte zurück und brachte dort ihr Kulturwissenschafts- und Interiordesignstudium zu Ende. Es folgten Jobs als Redakteurin bei Mode- und Lifestylemagazinen, wo sie im Rahmen ihrer Arbeit immer wieder feststellte, „dass mir Kleider fehlten, die ich schnell überwerfen kann und mich doch bei jedem Anlass wohlfühle". Schon war die Idee für ihr eigenes Modelabel „Liebig", das sie zusammen mit einer Partnerin führt, geboren. Benannt ist es nach dem Mädchennamen ihrer Großmutter, woran man ihre starke Familienverbundenheit spürt. Und obwohl Sandra aufgrund ihres Jobs unter der Woche viel in Restaurants essen geht, so kocht sie doch gerne am Wochenende mit Freunden in ihrem Häuschen auf dem Land.

Am liebsten mag sie die italienische Küche, denn sie vereint alles, was Sandra an guter Ernährung schätzt: reduzierte, frische Zutaten, gutes Olivenöl, wenig Fleisch. Überhaupt legt sie viel Wert auf hochwertige Grundprodukte, wie zum Beispiel exquisites Salz und Pfeffer, die man in ihrer Küche immer findet. Vor ein paar Jahren hat sie während einer Toskanareise einem Koch das Rezept für ihre Spaghetti Chianti abgeluchst: „Die Nudeln waren dunkelrot gefärbt und schmeckten ganz subtil nach Rotwein." Da passt auch Sandras Grundsatz: „Das Auge isst mit", nicht nur auf dem Teller, sondern auch bei der Deko. „Da ich bis auf wenige Ausnahmen nicht besonders gut kochen kann, muss ich versuchen, an anderer Stelle zu punkten." Bei einem Apero und französischer Musik von Jane Birkin oder Françoise Hardy hat jeder ihrer Gäste Gelegenheit, anzukommen und den Blick auf den Berliner Fernsehturm zu genießen. Sicher nicht der schlechteste Start in einen entspannten Abend …

Psssst ...

Mit den verschiedenen Feigensorten wird aus einem simplen Gericht ein optischer Hingucker.

VORSPEISE

Feigen mit Mozzarella

FÜR 6 PERSONEN

je 2 Feigen von 3 verschiedenen Sorten (z. B. grüne Wildfeigen)

1 Büffelmozzarella (vorzugsweise Scamorza)

1 ½ EL Olivenöl

½ EL Honig

Salz

Pfeffer

1 TL alter Balsamicoessig

1 Die Feigen gut waschen und, wenn nötig, vorsichtig häuten, dann in Spalten schneiden. Den Mozzarella „reißen", d. h. in kleine Stücke brechen. Am besten nicht schneiden, da das Gericht auf diese Weise hübscher aussieht.

2 Die Feigen in einer flachen Schale anrichten. Nach Belieben kann man aus den verschiedenen Farben auch ein Muster entstehen lassen. Die Mozzarellastücke darüberstreuen.

3 Anschließend aus Olivenöl, Honig, etwas Salz und Pfeffer sowie Balsamicoessig ein Dressing mischen und über Feigen und Käse geben.

HAUPTGANG

Spaghetti Chianti

FÜR 6 PERSONEN

1 Zwiebel

200 g Speck (Pancetta stesa)

1 Zweig Rosmarin

Olivenöl

500 g Spaghetti guter Qualität

350 ml Rotwein (am besten der, den man auch zum Essen trinkt)

½ l Gemüsebrühe

1 Zweig Thymian

1 Prise Himalaya-Salz

Parmesan, gerieben (optional)

1 Die Zwiebel schälen und in Würfel schneiden. Den Speck in grobe Stücke schneiden. Dann Zwiebel, Speck und Rosmarin in einer großen hohen Pfanne in reichlich Olivenöl leicht andünsten und die ungekochten Spaghetti zugeben. Mit soviel Rotwein aufgießen, bis die Spaghetti bedeckt sind.

2 Den Rotwein dann von den Nudeln aufsaugen lassen und immer wieder abwechselnd Rotwein und Brühe zugießen, bis die Nudeln al dente sind.

3 Kurz vor Ende der Garzeit den Thymian hacken, zugeben und Himalaya-Salz unterrühren. Nach Belieben mit geriebenem Parmesan servieren.

OBEN Die Aufmerksamkeit in der Küche wird durch das Deko-Arrangement auf einen Punkt gerichtet, weg von den weniger dekorativen Kochfeldern.
UNTEN RECHTS Auch die Küche soll wohnlich sein und ist deshalb wie ein Wohnraum eingerichtet.

DESSERT

Quark mit Trauben und Cookies

FÜR 6 PERSONEN

500 g Maracuja-Quark

250 g Joghurt

500 g weiße und rote Trauben

100 – 150 g Vollkornkekse

1 Quark mit Joghurt verrühren. Die Trauben halbieren und unter die Quarkmischung rühren, dann in einer großen Schüssel anrichten.

2 Die Kekse mit den Händen zerkrümeln und darüber verteilen.

Psssst …

Wenn man die Kekse im Mixer hackt oder im Beutel zerschlägt, werden sie zu feinkrümelig. Deshalb mit der Hand in grobe Brösel zerkleinern.

Die Bilderrahmen greifen die Farben des Bettes, der Möbel und der Wohnaccessoires auf und lassen das Schlafzimmer einheitlich wirken.

Ich finde, man muss nicht immer viel Geld für Möbel oder Deko ausgeben.

Italia mi amore

RENATE SCHREMS, SCHMUCKDESIGNERIN UND INHABERIN VON SÉVIGNÉ

„**KOCHEN IST KEINE** Notwendigkeit für mich, wenn ich koche wird es zelebriert und ist so die absolute Entspannung." Durch die intensive Arbeit für ihr in München ansässiges Schmucklabel fehlt es der Designerin Renate Schrems oftmals an der nötigen Zeit zum Kochen. Aber wenn sie in ihrem Landhaus im italienischen Pietra Santa ist, dann vergisst sie alle Verpflichtungen. In ihrem Garten stehen neben vielen Feigenbäumen etwa 150 Olivenbäume, um die sie sich liebevoll kümmert. Da wird sie „zur richtigen Bäuerin", macht ihr eigenes Olivenöl und kocht köstliche Feigenmarmelade mit Zimt und Zitrone. Sie denkt nicht daran, Zeit zu sparen, sondern genießt jeden einzelnen Moment, über den Markt zu schlendern, frisches Gemüse auszuwählen und Fleisch oder Fisch zu marinieren – das reine „Slow Food". Die italienische Küche ist einfach ihre Herzensküche, „sie ist so pur und man kann jede einzelne Zutat herausschmecken, das liebe ich", erzählt Renate. Aber neben dem Geschmack spielt für sie auch die Ästhetik eine große Rolle. „Als Designerin schaut man auch auf das Aussehen und aus Respekt vor dem Lebewesen möchte ich einfach, dass der Fisch hübsch angerichtet ist." Das Gefühl für die schönen Dinge des Lebens hat Renate vermutlich schon mit der Muttermilch aufgesogen, denn ihre Eltern arbeiteten beide als Künstler. Über Umwege kam sie von ihrem ursprünglichen Wunsch, ebenfalls Kunst zu studieren, ab und entschied sich für das Fach „Schmuckdesign" mit angeschlossener Lehre an der Zeichenakademie Hanau. Genau die richtige Entscheidung, wie sich herausstellte, betrachtet man den Erfolg ihres Schmucklabels „Sévigné", das sie zusammen mit ihrem Geschäftspartner Robert Fink gründete.

Aber nicht nur das Essen soll appetitlich angerichtet, sondern auch der ganze Tisch eine Freude für das Auge sein, mit frischen Blumen und tollem Geschirr. Drumherum sitzen im Idealfall etwa sechs gute Freunde und die Familie, besonders gerne ihre Tochter mit der kleinen Enkelin. Dann trinkt man Wein und isst leckere Oliven aus dem Garten, meist gefolgt von einem Salat als Vorspeise, Fleisch oder Fisch als Hauptgang und einem Dessert mit frischen Früchten der Saison. Bei brasilianischer Musik und inspiriert von der Natur fallen Renate sicher schon wieder viele neue Gerichte ein, mit denen sie ihre Gäste beim nächsten Besuch in Italien überraschen kann.

VORSPEISE

Wassermelone mit Ziegenkäse und süßen Oliven

Psssst ...

Die süßen Oliven geben der Vorspeise den besonderen Kick.

FÜR 6 PERSONEN

1 Wassermelone

4 Packungen Fetakäse à 150 g

150 g Oliven (bevorzugt kleine schwarze gesüßte Oliven)

hochwertiges Olivenöl

frisch gemahlener schwarzer Pfeffer

frische Kresse

1 Das Fruchtfleisch der Wassermelone in mundgerechte Stücke portionieren und den Fetakäse in gleich große Würfel schneiden.

2 Beides miteinander vermischen, die Oliven dazugeben und portionsweise auf Tellern anrichten. Dann jeweils etwas Olivenöl darübergießen und mit schwarzem Pfeffer würzen.

3 Vor dem Servieren mit etwas frischer Kresse garnieren.

OBEN Mutig sein: Die unterschiedlichen Farben und Formen versprühen Kreativität. **UNTEN LINKS** Die offenen Türen auf das violette Schlafzimmer wirken interessant und betonen die Perspektive.

UNTEN Die kleinen Arrangements und Ecken wirken wie Schaufenster.

HAUPTGANG

Dorade mit Gemüse

FÜR 6 PERSONEN

FÜR DAS KARTOFFELGEMÜSE

1 kg Kartoffeln

2 – 3 rote Zwiebeln

2 – 3 Knoblauchzehen

2 Zweige Petersilie

2 Zweige Majoran

Olivenöl

FÜR DIE DORADEN

3 – 4 Stangen Sellerie

3 – 5 cm frischer Ingwer

2 – 3 Zweige frischer Thymian

30 – 40 g Kapern

Olivenöl

Salz

Pfeffer

2 Doraden, küchenfertig ausgenommen

3 unbehandelte Limetten

2 rote Zwiebeln

1 Schale Himbeeren (etwa 150 g)

1 Bund dünne Frühlingszwiebeln

1 Für das Kartoffelgemüse zunächst die Kartoffeln schälen und in gleich große Stücke schneiden. Junge Kartoffeln können nach Belieben mit Schale verwendet werden. Die Zwiebeln ebenfalls schälen und in Spalten schneiden. Den Knoblauch schälen, dann einmal teilen.

2 Alles mit den Kräutern in eine große Pfanne mit Deckel oder einen Topf geben und etwas Olivenöl daraufgießen.

3 Abgedeckt bei mittlerer Hitze 30 Minuten garen und nach dieser Zeit testen, ob die Kartoffelstücke schon weich sind. Wenn nicht, nochmals für kurze Zeit garen.

4 Für die Doraden den Backofen auf 200 °C vorheizen. Den Stangensellerie in kleine Streifen und den Ingwer in hauchdünne Scheiben schneiden.

5 Beides mit den Thymianzweigen, den restlichen frischen Kräutern sowie den Kapern in ein tiefes Backblech geben. Dann etwas Olivenöl darübergießen und mit Salz und Pfeffer würzen.

6 Die Schale von zwei Limetten abreiben, den Saft auspressen und beiseitestellen. Die dritte Limette mit Schale halbieren. Die roten Zwiebeln schälen und in Ringe schneiden. Dann einen Teil davon mit Limettenabrieb und -saft, etwas Salz und Pfeffer sowie den Himbeeren vermengen. Den Rest zum Gemüsebett in das Backblech geben. Ebenso die beiden Limettenhälften. Die Doraden im Anschluss mit der Zwiebel-Himbeer-Mischung füllen und ebenfalls auf das Gemüsebett legen.

7 Abschließend die Frühlingszwiebeln waschen, auf den Fisch legen und alles für 25 Minuten im Ofen backen.

8 Zum Servieren je etwas Kartoffelgemüse sowie Dorade, mit dem Gemüsebett aus dem Backblech belegt, auf einem Teller anrichten.

Pssst …

Wer es saftiger möchte, kann zum Fisch eine Sauce aus zwei Tomaten, einer halben Zwiebel, dem Saft einer Limette, einem halben Bund Koriander, Salz, Pfeffer, Cumin und Olivenöl mischen. Alles klein schneiden und vermengen. Für etwas Schärfe Chili nach Belieben zugeben.

DESSERT

Erdbeeren mit Schlagsahne, Basilikum, Balsamico und Pfeffer

Psssst …

Mutig sein! Balsamico, Basilikum und Pfeffer machen diese Nachspeise besonders.

FÜR 6 PERSONEN

250 ml Sahne

2 Schalen Erdbeeren

1 Schale Brombeeren (etwa 150 g)

2 Zweige Basilikum

hochwertiger alter Balsamicoessig

frisch gemahlener schwarzer Pfeffer

1 Die Sahne steif schlagen und kühl stellen. Die Erdbeeren waschen und entkelchen, dann vierteln. Die Brombeeren ebenfalls waschen und nach Bedarf halbieren.

2 Das Basilikum waschen und in Streifen schneiden.

3 Erdbeerviertel und Brombeeren auf Dessertschälchen verteilen und je einen Klacks Sahne daraufgeben.

4 Mit Basilikumstreifen, einigen Spritzern Balsamicoessig und etwas frisch gemahlenem schwarzem Pfeffer garnieren.

OBEN UND UNTEN Im Laden erweckt jedes Schaufenster den Eindruck eines Stilllebens.

Hamburg, meine Perle

FLORENTINE JOOP, ILLUSTRATORIN UND AUTORIN

DIE HONIG-SOJA-SAUCE ihres Vaters zu Weihnachten 1980 – sie ist Florentine Joop als unvergessliches kulinarisches Erlebnis in Erinnerung geblieben, denn sie war „wie eine Offenbarung, eine ganz neue Geschmacksrichtung". Auf der Suche nach Neuem, dem Kreativen und Freien, das war Florentine schon immer. An der FH Hamburg studierte sie zunächst Illustration. Bereits während des Studiums schrieb und illustrierte sie ihre ersten Kinderbücher. Doch der Hunger nach neuen Erfahrungen brachte sie unter anderem dazu, eigene Restaurants zu eröffnen, ein Magazin zu gründen – das für den Berlin Type Award nominiert wurde – und, wie zuletzt, einen eigenen Jugendroman zu schreiben. Florentine Joop ist immer in Bewegung.

Das schlägt sich auch in ihrer Art zu kochen nieder. Selten plant sie genaue Abläufe, alles geschieht spontan. Ihre vielen Künstlerfreunde lädt sie einbis zweimal die Woche zu sich ein. Dann stehen sie ganz entspannt bei einem Glas Wein und guten Gesprächen um ihren Herd, und wenn das Essen fertig ist, kommen sie einfach mit ihren Tellern. Kochen kann für Florentine Entspannung und Stress zugleich sein, „es ist ein kreativer Prozess und deshalb ein bisschen von beidem"; kommt ganz darauf an, ob sie nur für ihre Familie oder aber ein ganzes Huhn für 15 Personen kocht. Doch wo hat sie Kochen gelernt? „Meine Mutter konnte nicht kochen, wenn ich nach der Schule nach Hause kam, musste ich mir selbst etwas machen." Aber das Thema hat sie schon immer interessiert und so hat sie als Teenager gerne Kochbücher gelesen oder Sendungen von Paul Bocuse geschaut. Bei ihrer Großmutter, einer hervorragenden Köchin, war die Küche sozusagen den ganzen Tag geöffnet, besonders mittags versammelten sich alle um ihren Tisch. „Kochen ist teilen – das habe ich von meiner Oma gelernt", sagt sie.

Ein weiterer wichtiger Einflussfaktor war ihr Vater, auch er kann sehr gut kochen und es „ist ein riesiges Kommunikationsfeld" zwischen den beiden. Abgesehen von den täglichen, frisch zubereiteten Abendessen bei ihr zu Hause, kocht sie jedes Wochenende bei ihrem Vater. Wer so oft am Herd steht, hat sicher einige gute Tipps parat: „Ich koche etwa 500 g Butter auf. Den entstehenden Schaum schöpfe ich ab. Was bleibt, ist das reine Butterfett. Man kann es erhitzen wie jedes Öl zum Braten." Und das perfekte Abendessen? „Ist schon fertig und ich muss mich nur noch an den Tisch setzen."

VORSPEISE

Birnen-Bohnen-Speck

Psssst ...

Das Gericht bekommt einen individuellen Look, wenn man die pochierten Birnen im Streifenmuster schält.

FÜR 6 PERSONEN

1 Zwiebel

Piment

Bohnenkraut

Lorbeerblätter

ganze Pfefferkörner

1,2 – 1,5 kg Bauchspeck (200 – 250 g pro Person)

250 g Bohnen

250 g Butter

6 harte Birnen (man rechnet 1 Birne pro Person, am besten Abate Fetel)

500 ml Weißwein

Salz

¼ Knoblauchzehe, ungeschält

1 TL milder Senf

1 Die Zwiebel halbieren und mit den Gewürzen nach Geschmack in einen Topf geben. Gut mit kaltem Wasser bedecken, dann kurz aufkochen lassen, den Schaum absieben und bei 60 °C etwa 3 Stunden erst leicht köcheln und dann nur noch ziehen lassen. Den Fond anschließend durch ein Sieb gießen.

2 Den Backofen auf 180 °C Umluft vorheizen. Den Speck (Achtung: keinen geräucherten Speck verwenden!) in 18 Scheiben von 3 x 1 cm schneiden und mit Pfeffer würzen. In eine kalte Pfanne legen und bei guter Hitze anbraten, bis er leicht gebräunt ist. Anschließend etwa 10 Minuten in den Ofen geben.

3 Währenddessen die Bohnen putzen und die Enden abschneiden, anschließend 20 – 30 Minuten blanchieren. Abgießen, sobald sie weich sind, und sofort mit kaltem Wasser abschrecken. Die Butter in einer Pfanne schmelzen lassen und die Bohnen darin schwenken.

4 Die Birnen waschen und in Streifen schälen. In einen Topf mit dem Weißwein geben, salzen und einmal aufkochen. Dann den Deckel auflegen und die Birnen etwa 20 Minuten ziehen lassen.

5 Für die Sauce den Knoblauch mit Schale kurz in einer Pfanne anbraten, dann etwas Fond angießen, kurz aufkochen lassen und den Senf einrühren.

6 Die gebutterten Bohnen auf Tellern anrichten, darauf je drei Scheiben Speck legen. Daneben je eine pochierte Birne setzen und etwas von dem Fond über die Teller gießen.

HAUPTGANG

Leber mit Äpfeln, Zwiebeln und Kartoffelstampf

FÜR 6 PERSONEN

2 rote Äpfel (z. B. Pink Lady)

6–8 Zwiebeln

Mehl

Pflanzenöl

2–3 kg mehligkochende Kartoffeln

abgekochtes Wasser

300 ml Sahne

300 ml Milch

Muskatnuss, frisch gerieben

250 g geklärte Butter

400 ml Kalbsfond

Rotwein

1 EL kalte Butter

1,2 kg Leber
(man rechnet 200 g pro Person)

Schnittlauchröllchen (optional)

1 Die Äpfel waschen, halbieren, dann entkernen und in Spalten schneiden. Die Zwiebeln schälen, in Ringe schneiden, diese leicht in Mehl wenden und in einer Pfanne mit Öl goldbraun andünsten.

2 Die Kartoffeln schälen, vierteln, salzen, dann in einen großen Topf geben und mit abgekochtem Wasser bedecken. Weich kochen, abgießen und mithilfe eines Kartoffelstampfers vorstampfen.

3 Sahne und Milch in einem Topf erhitzen und mit etwas Muskatnuss würzen. Diese Würzflüssigkeit zu den Kartoffeln geben und mit der geklärten Butter zu einem Kartoffelbrei weiterstampfen.

4 Für die Sauce den Kalbsfond in einen Topf geben, etwas reduzieren lassen, dann einen Schuss Rotwein dazugeben und die kalte Butter einschlagen.

5 Die Leber in 1 cm dicke Scheiben schneiden, diese ebenfalls leicht mehlieren und in Öl 2 Minuten auf jeder Seite anbraten.

6 Kartoffelstampf, Äpfel und Leberscheiben auf Tellern anrichten und mit etwas Sauce übergießen. Mit den Zwiebelringen und nach Wunsch Schnittlauchröllchen garnieren.

Psst …

Kartoffeln nie in der Küchenmaschine oder im Mixer pürieren, dabei wird Stärke freigesetzt, die das Püree klebrig macht.

DESSERT

Rote Grütze mit Vanillesauce und Florentinern

Psssst …

Die Grütze mit den Händen vermengen, um ein Gefühl für die Konsistenz zu bekommen.

FÜR 6 PERSONEN

FÜR DIE ROTE GRÜTZE

etwa 1 kg Sauerkirschen, entsteint (TK-Ware)

etwa 1 Tasse Zucker (saure Früchte brauchen viel Zucker)

350–370 ml leichter Rotwein

1 Zimtstange

1 Vanilleschote

1 Nelke

Orangenaroma

Abrieb von unbehandelten Orangen

2–3 EL Maisstärke

250 g Erdbeeren

250 g Blaubeeren

250 g Brombeeren

etwa 1 kg Johannisbeeren

FÜR DIE VANILLESAUCE

1 Vanilleschote

750 ml Sahne

1 Spritzer Vanilleextrakt

2 Eigelb

3 EL Rohrzucker

FÜR DIE FLORENTINER

Zucker

Mandelblättchen

1 Für die Rote Grütze die Sauerkirschen auftauen und den Saft auffangen. Den Zucker schmelzen lassen, dann Kirschsaft und Rotwein hinzufügen (etwas vom Kirschsaft zur Seite stellen) und um die Hälfte reduzieren lassen. Anschließend die Gewürze nach Geschmack zugeben.

2 In den übrig gebliebenen kalten Kirschsaft die Maisstärke einrühren. Dann die Kirschen zugeben und alles einmal aufkochen lassen. Solange rühren, bis die Flüssigkeit klar geworden ist. Vom Herd nehmen und in eine große Aluminiumschüssel geben. Sobald die Mischung etwas abgekühlt ist, die restlichen frischen Beeren zugeben. Nochmals mit den Gewürzen abschmecken und abkühlen lassen.

3 Für die Vanillesauce die Vanilleschote längs aufschneiden und das Mark herauskratzen. Die Schote zur Seite stellen. Das Mark mit der Sahne sowie dem Vanilleextrakt einmal aufkochen lassen und vom Herd nehmen.

4 Eigelb und Zucker aufschlagen. Die leicht abgekühlte Sahne unterrühren.

5 Einen Topf mit Wasser füllen, sodass der Boden gut bedeckt ist. Die Masse in einer Rührschüssel in passender Form daraufstellen und bei mittlerer Hitze langsam eindicken lassen. Nicht kochen!

6 Auskühlen lassen und für ein besseres Aroma die Vanilleschote zugeben. Gut abdecken und bis zur Verwendung über Nacht im Kühlschrank lagern.

7 Für die Florentiner den Zucker in eine Pfanne geben und erhitzen. Sobald er karamellisiert, die Mandelblättchen unterrühren. Die Mischung auf eine kalte Arbeitsplatte (am besten aus Marmor), Backpapier oder ein Brett geben und mit einem länglichen Spachtel glatt streichen. Nach dem Erkalten in Stücke brechen.

8 Zum Servieren die Rote Grütze auf Gläser oder Schälchen verteilen, die Vanillesauce angießen und mit je einem Florentiner dekorieren.

In Florentines Atelier schmücken eigene Kreationen die Wände.

Spargelzeit

ENIE VAN DE MEIKLOKJES, MODERATORIN UND BACKBUCHAUTORIN

ENIE VAN DE MEIKLOKJES – die meisten Menschen haben schon ein ziemlich genaues Bild von ihr im Kopf: ausgefallene Kopfbedeckungen und Kleider im Fifties-Stil. Ach ja, da ist noch ihre große Liebe zum Backen, die sie mittlerweile auch vor der Fernsehkamera ausleben darf. Aber den Ofen, den könnte sie auch in ihrer eigenen Küche jederzeit anschmeißen. „Ich war ein Schlüsselkind – das heißt, ich musste sehr früh lernen, mich selbst zu versorgen", erzählt sie. Und obwohl sie eigentlich keine Rezepte oder Kochrituale aus ihrem Elternhaus übernommen hat, erinnert sie sich doch an viele Erlebnisse rund um die Küche und das Kochen in ihrer Jugend, „ich denke an explodierende Schnellkochtöpfe, Freundinnen, die meine ersten Experimente verkosten mussten und die gute Grießklößchensuppe meiner Oma". Heute kocht die gelernte Dekorateurin jeden Tag selbst zu Hause und hat immer einen Grundstock an Zutaten im Schrank – meistens Tomaten, Nudeln und Milch – sowie alle Basisprodukte, um schnell einen Kuchen oder ein frisches Brot zaubern zu können, ganz ohne großes Brimborium. Eine spezielle Vorliebe hat sie in Sachen Küchenrichtung nicht, „ich bin sehr offen für alle möglichen Speisen aus unterschiedlichen Regionen und Ländern". Und da Enie in Berlin wohnt, mag sie es besonders, mit ihrem Hund Felix in der Region rund um die Hauptstadt umherzustreifen und sich dort mit frischen und saisonalen Zutaten einzudecken. Der Belitzer Spargel zum Beispiel, er ist eines ihrer Lieblingsgemüse. Das perfekte Abendessen ist aber eindeutig eine „Surf-and-Turf-Kombi", sprich ein leckeres Steak in Kombination mit King Prawns und einem liebevoll zusammengestellten Salat, am liebsten in ihrer eigenen Wohnung zubereitet. Denn bei ihrem kommunikativen Job genießt sie es sehr, einfach mal zu Hause zu sein. Da stört es sie auch nicht, wenn ganz spontan ein paar mehr Gäste vor der Türe stehen, „satt habe ich sie bisher immer alle bekommen". Mit dieser entspannten Haltung ist sicher jeder gerne zu Gast bei Enie. Und auch an strenge Menüabfolgen hält man sich im Hause van de Meiklokjes nicht; da kann es schon mal sein, dass der eine noch bei der Suppe ist und der nächste bereits beherzt in den Kuchen beißt – und das alles bei einem Gläschen Crémant und untermalt vom schönsten Soundtrack des Abends, „dem Klang unseres Gelächters bei all den lustigen Geschichten, die wir uns dann zu erzählen haben". Klingt nach einem bunten und fröhlichen Dinner, ganz passend zur Gastgeberin.

Pssst ...

Die Deko darf gerne bunt gemischt sein: Unterschiedliche Farben, Formen und Muster sorgen für ein gemütliches Flair.

VORSPEISE

Liaison in Grün-Weiß-Rot

FÜR 6 PERSONEN

1,8 kg grüner und weißer Spargel

1 Schale Erdbeeren (etwa 500 g)

6 Salatblätter

1 Mozzarella

2 EL Himbeeressig

4 EL Olivenöl

Salz

frisch gemahlener schwarzer Pfeffer

2 Zweige Basilikum, die Blätter abgezupft

1 Spargel, Erdbeeren und Salatblätter putzen und waschen. Den Spargel schälen und kurz andünsten.

2 Dann alles in kleine Stücke schneiden und mischen. Den Mozzarella in kleine Würfel schneiden.

3 Alles vermengen, in eine Schüssel geben und mit Himbeeressig sowie Olivenöl vermengen. Mit Salz und Pfeffer würzen.

4 Auf Tellern anrichten und mit Basilikumblättchen garniert servieren.

HAUPTGANG

Spargelpäckchen

FÜR 6 PERSONEN

2 Rollen Blätterteig

200 g gekochter Schinken, in Scheiben geschnitten

1–2 Bund grüner Spargel

150 g Ziegenfrischkäse

1 Aus dem Blätterteig 15 x 15 cm große Quadrate zurechtschneiden.

2 Die Quadrate mit Schinken belegen und jeweils etwas Ziegenfrischkäse aufstreichen.

3 Die Spargelstangen hineindrücken und den Blätterteig über Eck zusammenlegen.

4 Bei 180 °C 15–20 Minuten goldbraun backen.

Auch Ketten und Modeaccessoires können sehr dekorativ sein, wenn sie an der Wand arrangiert werden.

Viele Kissen, persönliche Bilder und harmonische Farben erzeugen Gemütlichkeit.

Psssst …

Mut zum Kitsch! Das erweckt einen persönlichen und unverwechselbaren Eindruck.

DESSERT

Erdbeerliebe

FÜR 6 PERSONEN

FÜR DEN TEIG

120 g weiche Butter

200 g Mehl

80 g Puderzucker

25 g Mandelpuder

1 Ei

1 Prise Salz

Mark von 1 Vanilleschote (oder 1 Pck. Vanillezucker)

FÜR DIE VANILLECREME

1 Vanilleschote

125 g Zucker

3 Eigelb

1 Ei

50 g Mehl

500 ml Milch

ZUR FERTIGSTELLUNG

frische Erdbeeren

1 Den Backofen auf 180 °C vorheizen. Alle Zutaten zu einem Teig verkneten, ausrollen und Stücke zurechtschneiden. Diese in die Tartelette-förmchen einlegen und die Überschüsse abschneiden. Die Förmchen in den vorgeheizten Ofen geben und kurz backen, bis die Böden leicht Farbe genommen haben. Abkühlen lassen.

2 Für die Vanillecreme die Vanilleschote längs aufschneiden, das Mark herauskratzen und zur Seite stellen. Zucker und Eier in eine Schüssel geben und verrühren, bis die Mischung weiß-cremig wird. Das Mehl unterheben und erneut gut verrühren. Dann die Milch mit dem Vanillemark in einen Topf geben und zum Kochen bringen. Sobald es kocht, die aromatisierte Milch in einem Schritt zur Zucker-Eier-Mehl-Mischung gießen und kräftig rühren. Wieder zurück in den Milchtopf geben und bei hoher Temperatur 4–5 Minuten kochen. Dabei ständig rühren, damit sich keine Kruste bildet. Im Anschluss in eine kühle Schüssel umfüllen und vor dem Weiterverarbeiten mit Frischhaltefolie bedeckt erkalten lassen.

3 In die Böden zuerst eine Schicht aus Vanillecreme streichen und die frischen Erdbeeren daraufsetzen. Die restliche Vanillecreme auf die Törtchen garnieren.

Der Fifties-Stil ist in! Kombiniert mit hellen Wänden wirkt er sehr modern.

Paris Interiors
Sophie Calle Double Game
Tom Poulton

Diese Wohnung macht einfach gute Laune: hell, farbenfroh und mit einem individuellen Touch.

Olive
SNOCCIOLATE

Kleiner Aufwand – große Wirkung

CORNELIA POLETTO, KÖCHIN UND KOCHBUCHAUTORIN

„PASTA, PASTA, PASTA“ – diese drei Worte sagen schon einiges aus über Cornelia Polettos Küchenstil. Die Spitzenköchin hat sich in Hamburg ihren Traum vom eigenen Feinkostladen mit angeschlossenem Restaurant erfüllt, wo sie ihre Gäste mit Gerichten aus zeitlosen, frischen Produkten, am besten von regionalen Lieferanten, verwöhnt. Ihre große Leidenschaft ist die italienische Küche, das war schnell klar. Nach ihrer Lehrzeit in diversen Spitzenhäusern lernte sie diese direkt bei Anna Sgroi, Sizilianerin und eine der wenigen Sterneköchinnen. Natürlich hat sie auch mal Lust auf andere Küchenrichtungen, zum Beispiel japanisch oder thailändisch, aber ihrer Meinung nach ist es besser „eine Sache gut zu können, als drei mittelmäßig“, deshalb bleibt sie kochtechnisch ganz einfach in Italien und geht in ihrer Freizeit bei Kollegen essen. Die Inspiration für ihre eigene Arbeit findet sie entweder auf Reisen – ja, in ihr Lieblingsland Italien – oder auch in den über 500 Kochbüchern ihrer Sammlung. Mit ihrem Küchenteam sitzt sie jeden Nachmittag bei einem gemeinsamen Essen zusammen, dabei geht es ihr weniger um die reine Nahrungsaufnahme, sondern einfach ums „Zusammensitzen“. Das tut sie auch sehr gerne ganz privat mit Freunden und Familie, ganz im Speziellen mit ihrer Tochter, mit der sie das absolute Lieblingsgericht Spaghetti Vongole teilt. Im Gegensatz zu vielen anderen Profiköchen, kocht Cornelia Poletto auch zu Hause sehr gerne, bevorzugt Loup de mer oder ein schönes Stück Fleisch, sonntags darf sich jeder ihrer Gäste sogar etwas wünschen. Auf die Frage nach dem perfekten Abendessen antwortet sie „totale Entspannung, ein Glas Wein und ganz viel Gemütlichkeit“. Dazu trägt auf jeden Fall die Auswahl der Gerichte bei; drei Kriterien sollten immer zutreffen: Sie muss sie selbst gerne essen, es muss leicht nachzukochen sein, und wenn einmal mehr Gäste vor der Türe stehen – am liebsten kocht sie nämlich für viele –, sollen alle satt werden. Begleitet von einem guten Wein, meistens einem eigens für sie gemachten Riesling Cuvée, und abgerundet mit etwas Käse steht jeder glücklich von Cornelias Tisch auf. Denn neben dem Genussaspekt ist ihr unbedingt auch das Wohlbefinden wichtig: „Essen ist die Energiequelle Nummer eins. Wenn man sich nach dem Essen nicht wohlfühlt, hat man etwas falsch gemacht.“ Gut, dass Frau Poletto dann doch keine Tierärztin, sondern eine hervorragende Köchin geworden ist.

VORSPEISE

Vitello tonnato

Psssst …

Füllt man die Thunfischsauce in kleine Spritzflaschen, kann man sie wunderbar direkt auf das Fleisch garnieren, damit wird das Vitello tonnato etwas leichter und ertrinkt nicht in der eigenen Sauce.

FÜR 4 PERSONEN

FÜR DAS VITELLO

etwa 400 g Kalbsoberschale oder Rücken, vom Metzger pariert

Meersalz

jeweils 1 Zweig Rosmarin und Thymian

1 Knoblauchzehe, angedrückt

Olivenöl

Rollbratenband

FÜR DIE THUNFISCHSAUCE

2 Eier

250 ml Rapsöl

120 g bester Thunfisch in Olivenöl

1 TL kleine Kapern in Meersalz

1 Sardellenfilet

Limonensaft

Salz

frisch gemahlener schwarzer Pfeffer

ZUM ANRICHTEN

8 Limonenfilets

12 Kapernäpfel, halbiert

1 EL feine Schnittlauchröllchen

Pink Salt Flakes

frisch gemahlener schwarzer Pfeffer

1 Den Backofen auf 120 °C vorheizen. Zunächst das Kalbsfleisch mit dem Rollbratenband binden und mit Meersalz würzen. Mit Rosmarin, Thymian und Knoblauch in Olivenöl von allen Seiten gleichmäßig anbraten. Im vorgeheizten Ofen etwa 30 Minuten garen. Die Kerntemperatur sollte 56 °C betragen. Anschließend komplett auskühlen lassen und am besten mit der Aufschnittmaschine in dünne Scheiben schneiden.

2 Für die Thunfischsauce die Eier mit dem Öl zur Mayonnaise aufschlagen. Den abgetropften Thunfisch, die Kapern und das Sardellenfilet vorsichtig unter die Mayonnaise mixen. Mit Limonensaft, Salz und Pfeffer abschmecken. Durch ein feines Sieb streichen.

3 Das aufgeschnittene Fleisch auf vier Tellern anrichten und mit der Thunfischsauce, je zwei Limonenfilets, Kapernäpfeln und Schnittlauch garnieren. Zuletzt mit Pink Salt Flakes und Pfeffer würzen.

ROBBE & BERKING

CORNELIA
POLETTO

HAUPTGANG

Loup de mer in der Meersalzkruste mit Kirschtomaten-Fondue

FÜR 4 PERSONEN

FÜR DEN FISCH

1 Loup de mer à 1–2 kg, ungeschuppt und ausgenommen

jeweils 4 Zweige Basilikum, Estragon, Petersilie, Thymian

1 unbehandelte Zitrone, in Spalten geschnitten

2 Knoblauchzehen, geschält

FÜR DEN SALZTEIG

8 Eier

200 g Mehl

100 g Speisestärke

4 kg einfaches grobes Meersalz

FÜR DAS KIRSCHTOMATEN-FONDUE

400 g Kirschtomaten

2 Bund Frühlingszwiebeln

1 Knoblauchzehe

1 kleine rote Zwiebel

2 Peperoncini

4 Zweige Basilikum

6 Filets getrocknete Tomaten

2 EL schwarze Oliven

Olivenöl

Zucker

Fleur de Sel

50 ml Tomatensauce

frisch gemahlener schwarzer Pfeffer

Basilikumöl

1 Den Loup de mer waschen und mit Küchenkrepp trocken tupfen. Flossen mit einer Küchenschere abschneiden, damit sie nicht am Salzteig festkleben. Den ausgenommenen Bauch mit Kräutern, Zitronenspalten und Knoblauchzehen füllen.

2 Den Backofen auf 180 °C vorheizen. Alle Zutaten für den Salzteig in der Küchenmaschine miteinander vermengen. Den Fisch auf einer Platte gleichmäßig in die Salzkruste einpacken. Im vorgeheizten Ofen 30–35 Minuten garen.

3 Anschließend die Salzkruste ringsherum auf der Höhe der Rückenflosse vorsichtig mit einem Sägemesser aufschneiden und den Fisch tranchieren.

4 Für das Kirschtomaten-Fondue die Kirschtomaten waschen und halbieren. Die Frühlingszwiebeln ebenfalls waschen und in etwa 1 cm große Segmente schneiden. Knoblauch und rote Zwiebel schälen und beides in feine Streifen oder Scheiben schneiden. Die Peperoncini waschen, die Kerne entfernen und in kleine Würfel schneiden. Basilikumblätter von den Zweigen zupfen und fein schneiden. Die getrockneten Tomaten grob hacken, die Oliven vierteln. Die Frühlingszwiebeln in Olivenöl anschwitzen. Knoblauch, rote Zwiebel und Peperoncini dazugeben und mit anschwitzen. Die Tomaten zugeben und mit etwas Zucker und Fleur de Sel würzen. Tomatensauce, getrocknete Tomaten und Oliven zugeben. Zum Schluss das Basilikum unterheben.

5 Das Tomatenfondue mittig auf den Tellern anrichten. Jeweils ein Stück tranchierten Loup de mer daraufsetzen und etwas Pfeffer frisch darübermahlen. Mit Basilikumöl beträufeln und sofort servieren.

Psssst ...

Die Flossen unbedingt abschneiden, sonst sind sie in der Kruste gefangen und werden beim Aufschneiden abgerissen.

Die Zutaten für die Salzkruste nicht zu lange rühren, sonst löst sich das Salz.

DESSERT

Sfogliate von Äpfel und Mascarpone

Pssst …

Dieses Dessert kann je nach Saison mit anderem Obst variiert werden.

FÜR 4 PERSONEN

2 große säuerliche Äpfel (alternativ: Pfirsiche oder Aprikosen)

1 EL Rapsöl

4 EL Ahornsirup

Zitronensaft

250 g Mascarpone

100 g fettarmer Joghurt

3–4 EL Zucker

2 EL Calvados (optional)

100 ml Sahne

2 EL Schoko-Knusperperlen

8 Cantuccini, zerbröselt

4 Minzspitzen

1 Die Äpfel nach Wunsch schälen, vierteln, entkernen und in Spalten schneiden. Das Öl in einer Pfanne erhitzen und die Äpfel darin etwa 2 Minuten anbraten. Ahornsirup und etwas Zitronensaft zugeben, einmal aufkochen und von der Herdplatte ziehen.

2 Mascarpone mit Joghurt, Zucker und, wenn gewünscht, Calvados glatt rühren. Die Sahne steif schlagen und unterheben.

3 Die Hälfte der Äpfel mit etwas Sud auf vier Gläser verteilen und etwa die Hälfte der Creme darübergeben.

4 Einige Schokoperlen sowie Cantuccini-Brösel daraufstreuen. Jeweils eine weitere Schicht Apfel und Creme in die Gläser füllen. Mit der Creme abschließen.

5 Nach Belieben mit restlichen Cantuccini-Bröseln, Schokoperlen und den Minzspitzen dekorieren.

Ein Sommer-tag auf dem Land

JULIANE BANSE, SOPRANISTIN

IN JULIANE BANSES Vorstellung gibt es zwei Varianten eines perfekten Abendessens: Das eine ist ganz intim zu zweit mit ihrem Mann und das andere lustig und laut mit ihrer gesamten fünfköpfigen Familie. Das Wichtigste bei beiden ist ihr aber, dass es unkompliziert und „inoffiziell" abläuft. Denn Juliane Banse ist als Sopranistin einen Teil des Jahres in der ganzen Welt unterwegs. Opernhäuser in Japan, New York, Chicago, Mailand, Amsterdam, Wien oder München – sie kennt sie alle. Aufgewachsen in Zürich, der Vater Sänger und die Mutter Musiklehrerin, zog es Juliane ziemlich schnell ebenfalls auf die Bühne. Zuerst als Balletttänzerin, aber dank ihrer Gesangslehrerin schon während ihres Studiums als Sopranistin auf die großen Opernbühnen. Heute gelingt es ihr wunderbar, ihre Karriere als Opernstar und ihre Rolle als dreifache Mutter zu vereinen. „Zum Glück planen die Opernhäuser immer zwei bis drei Jahre im Voraus, da kann ich die Betreuung meiner Kinder gut organisieren." Denn auch ihr Mann, ein Dirigent, ist durch seinen Beruf viel unterwegs.

Und obwohl sie auf ihren eigenen Reisen mit sehr vielen verschiedenen Küchenstilen in Berührung kommt, denkt sie doch immer wieder gerne an die deftige rheinische Küche ihres Vaters, von dem sie das Kochen lernte. Rheinischer Sauerbraten kommt ihr allerdings seit ein paar Jahren nicht mehr auf den Teller, Juliane ist aus ethischen und biologischen Gründen Vegetarierin geworden. Heute liebt sie es am meisten, an den Wochenenden, an denen sie zu Hause ist, für ihre Familie zu kochen. Da gibt es dann einen bunten Mix aus unterschiedlichen Küchen, zum Beispiel viel Gemüse in Form von Eintöpfen und Pfannengerichten, Salate oder auch indische Gerichte. Inspirieren lässt sie sich dabei gerne von Kochbüchern, „zu meinem Geburtstag habe ich ein tolles vegetarisches Kochbuch von meiner Schwester bekommen, danach koche ich sehr viel, besonders weil es auch von meinen zwei Jungs gut angenommen wird". Und obwohl sie es genießt, mit ihrer Familie ganz unter sich zu sein, ist sie doch auch gerne gesellig und lädt einmal im Jahr alle Freunde zu einem Gartenfest ein. Da geht es dann sehr zwanglos zu, bei der Deko lautet ihre Devise „weniger ist mehr" und es bleibt meist bei einem weißen Tischtuch und schönem Geschirr. So bleibt viel Raum, sich voll und ganz auf das Essen zu konzentrieren.

VORSPEISE

Gazpacho

Psssst …

Die Suppe pur servieren und Schälchen mit Croûtons, Paprika und Zwiebeln auf den Tisch stellen. So kann sich jeder seine Suppe nach eigenem Geschmack garnieren.

FÜR 6 PERSONEN

1 ½ kg reife Tomaten

2 Paprika

1 Gurke

1 große Zwiebel

1 Knoblauchzehe

750 ml Wasser

½ Tasse Pflanzenöl

heller Balsamicoessig

5 Scheiben Toast (ohne Rand)

½ – 1 Knoblauchzehe

gelbe Paprika, in Würfel geschnitten

100 – 150 g Serrano-Schinken, klein gezupft

1 Das Gemüse waschen, nach Bedarf schälen und zusammen mit Wasser, Öl und Essig in einen Mixer geben. Einmal durch die flotte Lotte passieren, abschmecken und kalt stellen. (Die benötigte Menge an Öl und Essig hängt von der Saftigkeit der Tomaten ab und variiert deshalb meistens.)

2 Das Toastbrot in Würfel schneiden. Mit etwas Knoblauch in einer Pfanne anrösten.

3 Die Gazpacho auf Schälchen verteilen und mit einigen Croûtons, Paprikawürfeln und Serrano-Schinken dekorieren.

HAUPTGANG

Lachs auf Gemüse

FÜR 6 PERSONEN

FÜR DAS GEMÜSE

1 ½ kg Karotten

2 Stangen Lauch

Pflanzenöl

Kräutersalz

2–3 Zweige frischer Koriander

Butter

FÜR DEN LACHS MIT REIS

Basmati- und Wildreis
(man rechnet etwa 60 g pro Person)

Butter

40 g Ingwer

Olivenöl

6 Lachsfilets
(man rechnet 1 Filet pro Person)

frisch gemahlener schwarzer Pfeffer

3 TL Zucker

3 TL Sojasauce

2 Becher Sahne (400 ml)

1 Karotten und Lauch waschen, dann in Stifte und Ringe schneiden. Beides entweder in einem normalen Topf in etwas Öl oder im Druckkochtopf andünsten. Das Gemüse darf nicht zu matschig und nicht zu fest sein. Mit etwas Kräutersalz würzen und zur Seite stellen.

2 Zunächst den Reis waschen und mit der doppelten Menge an Wasser und einem Stück Butter in einen Topf geben und zum Kochen bringen. Den Deckel darauf setzen, die Temperatur herunterschalten und den Reis bei niedriger Hitze gar köcheln lassen.

3 Für den Lachs den Ingwer schälen und in Streifen schneiden. Etwas Butter und Olivenöl in eine Pfanne geben, dann den Ingwer hineingeben, kurz andünsten und anschließend die Lachsfilets mit der Hautseite nach unten ebenfalls in die Pfanne legen und braten. Die Hitze sollte nicht zu stark sein, damit die Haut nicht anbrennt.

4 Den Lachs mit Pfeffer würzen und auf jedes Filet 1 TL Zucker sowie die Sojasauce geben. Sobald der Fisch nicht mehr glasig ist und bis etwa zur Mitte hell wird, die Filets wenden und 1 weitere Minute braten. Dann aus der Pfanne nehmen, auf einen Teller legen und mit Alufolie abdecken.

5 In die gleiche Pfanne den Lauch geben, kurz anbraten, dann mit der Sahne ablöschen und etwa 5 Minuten ziehen lassen. Anschließend den Lachs zurück in die Pfanne geben und nochmals durchwärmen lassen.

6 Zum Servieren den Koriander waschen und grob klein schneiden. Die gegarten Karotten in etwas Butter schwenken und mit Koriander bestreut auf den Tellern anrichten. Daneben etwas Reis geben sowie je ein Lachsfilet mit Lauchgemüse und Sahnesauce.

Psst ...

Frische Blumen, ein weißes Tischtuch und altes Geschirr sehen immer gut und schlicht aus als Deko.

DESSERT

Beerenquark

FÜR 6 PERSONEN

500 g frische Himbeeren

2 EL Zitronensaft

4 EL Zucker

1 Pck. Vanillezucker

150 g Sahnequark

100 ml Sahne

1 Die Hälfte der Himbeeren mit Zitronensaft und den beiden Zuckersorten pürieren, dann durch ein Sieb streichen. Das Püree mit dem Sahnequark vermengen.

2 Die Sahne steif schlagen und mit der Creme vermischen; die restlichen Himbeeren unterrühren (ein paar davon zur Seite stellen).

3 Die Creme auf Schälchen verteilen und mit den Himbeeren dekorieren.

4 Der Quark kann auch gut bereits am Vortag zubereitet und über Nacht im Kühlschrank gelagert werden.

FEIN

In die Höhe gebaut

LAURA SEEBACHER, KUNSTBÄCKERIN UND BACKBUCHAUTORIN

WIE SIEHT DIE IDEALE Gästemischung für Laura Seebacher aus? „Einer mit viel Humor, einer der alles weiß, einer der immer dagegen ist und natürlich einer, der mir sagt, wie köstlich mein Essen ist – nur so geht der Gesprächsstoff nie aus." Das sagt die Pâtissière, die in ihrem kleinen Café auf der Hamburger Schanze jeden Tag die köstlichsten Torten, Cupcakes, Brownies und noch viele andere Leckereien zaubert. Ursprünglich studierte sie Textildesign, merkte aber schnell, dass die Modebranche überhaupt nicht so ihr Ding ist und sie viel lieber Torten als Kleider designt. Was liegt da näher, als das Handwerk der Patisserie an der renommierten Schule „Le Cordon Bleu" von Grund auf zu lernen? Sie entschied sich für die Dependance in London und verbrachte während ihrer Ausbildung eine tolle und aufregende Zeit in der englischen Metropole. Direkt danach machte sie sich dann mit einer eigenen Backstube selbstständig und kreierte zunächst Torten für Veranstaltungen und Hochzeiten, 2008 kam ihr Café dazu.

Auch wenn sie den lieben langen Tag in der Backstube steht, hat sie trotzdem noch Lust, täglich zu Hause zu kochen. „Ich koche fünfmal die Woche, tagsüber nur etwas Leichtes und abends dann ein ganzes Menü." Schon als kleines Kind hat sie viel mit ihrer Oma gebacken und durfte sich mit ihren drei Geschwistern in der Küche ganz frei ausprobieren; dieses Gefühl, dass Kochen etwas entspanntes und geselliges ist, ist bis heute hängen geblieben. Und da sie seit ihrem zwölften Lebensjahr Vegetarierin ist, hat sie sich für ein ganz spezielles Menü entschieden: „Vegetarisch zu kochen ist nicht schwer, es aber interessant zu machen dagegen schon." So kam ihr die Idee zu einem „gestapelten Menü". Das Dessert ist eine kleine Hommage an ihre österreichischen Wurzeln. Im Urlaub in der Steiermark hat sie als Kind besonders gerne die Palatschinken ihrer Großeltern gegessen. Heute ist ihre Lieblingsküche aber die asiatische mit all ihren Gewürzen wie Ingwer, Koriander und Chili. Wenn sie dann, wie an Weihnachten, ihre ganze Familie zu sich einlädt, entscheidet sie sich gerne für ein Essen in Büfettform, „da kann ich mich besser um meine Gäste kümmern". Den Tisch gedeckt mit verschiedenem Geschirr, aber im gleichen Farbton, und auf dem Tisch frische Blumen oder eine Obstschale, kommt bei alten Motown-Klassikern schnell eine tolle Stimmung auf. Und wenn die Gäste dann länger bleiben als geplant, hat sie alles richtig gemacht.

VORSPEISE

Mango-Avocado-Gurken-Salat

Pssst …

Um ein interessantes Menü zu kreieren, reichen oft einfache Rezepte – mit einer pfiffigen Idee umgesetzt.

FÜR 6 PERSONEN

FÜR DEN SALAT

3 reife Mangos

3 reife Avocados

3 Gurken

Salz

Pfeffer

Saft von ½ Zitrone

1 kleines Bund Koriander

2–3 Chilischoten, in kleine Würfel geschnitten

100 g Erdnüsse

6 kleine rote Chilischoten

FÜR DAS DRESSING

2 EL Honig

2 EL Apfelessig

1 Mangos, Avocados und Gurken schälen, dann in Würfel von 1 x 1 cm schneiden, mit Salz und Pfeffer würzen und alle Würfel separat in kleine Schüsseln geben.

2 Den Zitronensaft auf die Avocadowürfel träufeln, damit sie nicht braun werden.

3 Den Koriander waschen und klein schneiden, dann zu den Gurkenwürfeln geben.

4 Die Chilischoten in dünne Ringe schneiden und zu den Mangowürfeln geben.

5 Den Salat mithilfe eines kleinen Dessertringes auf Teller schichten, dabei mit Gurke beginnen, anschließend Mango und zuletzt die Avocado.

6 Die Zutaten für das Dressing vermischen und etwas davon in die Ringe träufeln.

7 Abschließend mit den Erdnüssen bestreuen, die Ringe entfernen und je eine kleine Chilischote als Dekoration daraufsetzen. Vorsichtig servieren.

REINER
HONIG

HAUPTGANG

Vegetarische Lasagne

FÜR 6 PERSONEN

FÜR DIE AUBERGINENFÜLLUNG

2 mittelgroße Auberginen

Salz

250 g Kirschtomaten

1 Zwiebel

1 Fenchelknolle

2 EL Olivenöl

Pfeffer

1 EL Zucker

2 Zweige Rosmarin,
die Blätter abgezupft

1 EL Kreuzkümmel

FÜR DIE SPINATFÜLLUNG

2 Zwiebeln

1 Knoblauchzehe

Olivenöl

800 g Blattspinat (TK-Ware)

Salz

Pfeffer

FÜR DIE BÉCHAMELSAUCE

500 ml Ziegenmilch

30 g Butter

30 g Mehl

Salz

Muskatnuss

ZUR FERTIGSTELLUNG

Butter

300 g Lasagneblätter

200 g Ziegenfrischkäse

200 g Ziegengouda, gerieben

1 Den Backofen auf 220 °C Umluft vorheizen.

2 Für die Auberginenfüllung die Auberginen aufschneiden, salzen und etwa 10 Minuten stehen lassen. Abtupfen und in 1 x 1 cm große Würfel schneiden. Die Kirschtomaten halbieren, einen Teil davon ganz und, wenn möglich, an den Zweigen lassen. Zur Seite stellen. Die Zwiebel schälen und mit dem Fenchel klein schneiden. Olivenöl in einem Topf erhitzen und das Gemüse zugeben. Mit Salz und Pfeffer würzen, dann Zucker, Rosmarinblätter und Kreuzkümmel dazugeben. Bei mittlerer Hitze 15–20 Minuten kochen.

3 Für die Spinatfüllung die Zwiebeln sowie die Knoblauchzehe schälen und klein schneiden. Etwas Olivenöl in einem Topf erhitzen. Die Zwiebeln darin glasig werden lassen, dann Blattspinat und Knoblauch dazugeben. Mit Salz und Pfeffer würzen und bei mittlerer Hitze 15 Minuten kochen.

4 Für die Béchamelsauce Ziegenmilch in einen Topf geben, bei mittlerer Hitze erwärmen, dann die Butter dazugeben und schmelzen lassen. Das Mehl einrühren und kräftig mit einem Schneebesen schlagen, um Klumpen zu vermeiden. Mit Salz und Muskatnuss abschmecken. Die Mischung unter ständigem Rühren kurz aufkochen lassen, dadurch wird ein mehliger Geschmack vermieden.

5 Eine Lasagneform mit Butter fetten. Eine dünne Schicht Spinat auf den Boden geben, darauf einige Lasagneblätter auslegen, gefolgt von einer Schicht Auberginenfüllung mit der Hälfte des Frischkäses. Darauf wiederum eine Schicht Lasagneblätter platzieren, gefolgt von einer Schicht Spinatfüllung mit der Hälfte der Béchamelsauce usw. Mit Lasagneblättern abschließen und mit dem Gouda bestreuen. Obenauf einige Zweige mit ganzen Kirschtomaten legen.

6 Die Lasagne für 35 Minuten im vorgeheizten Ofen backen und anschließend in Stücke schneiden und diese auf Tellern anrichten. Nach Belieben mit frischen Kräutern garnieren.

Psst ...

Kirschtomaten am Strunk in eine mit Backpapier ausgelegte Form geben und Salz, Pfeffer sowie Rosmarin hinzufügen. Etwas Zucker über die Tomaten verteilen und für ein paar Minuten in den Ofen geben – für eine karamellisierte Garnitur.

Psssst …

Die Crêpes kann man prima am Vortrag zubereiten und über Nacht kühl lagern.

DESSERT

Crêpe-Torte mit Vanille, Orange und Schokoladensauce

FÜR 6 PERSONEN

FÜR DEN CRÊPETEIG

6 Eier

90 g Zucker

450 ml Milch (3,8 % Fettgehalt)

225 g Mehl

75 g Butter, zerlassen

Abrieb von ½ unbehandelten Zitrone

1 Prise Salz

FÜR DIE VANILLECREME

300 g Frischkäse

125 g weiße Kuvertüre

Mark von 1 Vanilleschote

100 ml Sahne

ZUR FERTIGSTELLUNG

1 Glas Orangenmarmelade (200 – 300 g)

FÜR DIE SCHOKOLADENSAUCE

200 ml Sahne

100 ml Milch

250 g dunkle Kuvertüre
(mind. 70 % Kakaogehalt)

1 Schuss Cointreau (optional)

1 Für den Crêpeteig Eier und Zucker schaumig schlagen, die Milch dazugeben, anschließend das Mehl unterrühren. Zum Schluss die Butter, Zitronenabrieb und Salz untermischen. In einer kleinen bis mittelgroßen, leicht gefetteten Pfanne dünne Crêpes ausbacken. Die Crêpes vollständig auskühlen lassen.

2 Für die Vanillecreme mit einem elektrischen Handrührer den Frischkäse aufschlagen, bis die Klümpchen verschwunden sind und die Textur samtig wird. Die weiße Kuvertüre im Wasserbad schmelzen lassen, das Vanillemark einrühren und die flüssige Kuvertüre anschließend zum Frischkäse geben. Die Sahne unterrühren und die komplette Mischung 5 – 10 Minuten kräftig schlagen, bis sie mehr Volumen bekommt.

3 Die Crêpes abwechselnd mit Vanillecreme und Orangenmarmelade bestreichen und als Torte aufeinandertürmen. Die fertig geschichtete Torte mit Frischhaltefolie abgedeckt etwa 2 Stunden kühl stellen.

4 Für die Schokoladensauce Sahne und Milch kurz in einem Topf aufkochen lassen und die dunkle Kuvertüre in dieser Mischung schmelzen lassen. Nach Geschmack etwas Cointreau dazugeben.

5 Den Kuchen zum Servieren in Stücke schneiden und etwas Schokoladensauce über jedes Stück gießen.

ZUCKER
BOSCH

Weniger ist manchmal mehr

ISABELLE ZU HOHENLOHE, PR- UND KOMMUNIKATIONSEXPERTIN

WER TRAUT SICH SCHON, im Satinkleid und auf 12-cm-Highheels eine Sauce zu kochen, Speck anzubraten und Sahne zu schlagen? Ein Wettbewerb um die besten Spaghetti Bolognese mit allen Nachbarn? Das passt zu Isabelle – genannt Minzi – zu Hohenlohe. Sie wurde in der ländlichen Gegend bei Würzburg geboren und neben ihrer Mutter, mit der sie als Kind oft zusammen kochte, prägte sie in Sachen Küchenstil ganz klar die schwäbische Internatszeit. Hier wurzelt ihre Liebe zur bodenständigen Küche wie dem klassischen Wiener Schnitzel – „ganz ohne Schnickschnack“. Aber auch die thailändische Küche hat es ihr seit einer gemeinsamen Reise mit einem guten Freund in sein Heimatland angetan; die bereitet sie am liebsten ganz authentisch selbst zu, denn „da weiß man, wo's herkommt“. Fastfood und Fertiggerichte kommen ihr nicht in den Topf, viel zu gerne steht sie selbst am Herd und bekocht ihre Gäste mit Gerichten aus frischen und hochwertigen Zutaten. An ihrem Tisch treffen sich Menschen aller Couleur: „Je homogener die Gruppe, desto langweiliger. Man muss eine gute Mischung in Sachen Alter, Herkunft und Lebensart hinbekommen. Erst dann wird es ein gelungener Abend.“

Die Neugier auf verschiedenartige Menschen konnte sie auch auf ihren vielen Reisen ins Ausland befriedigen. Ihre Studienzeit verbrachte sie in England, arbeitete dort im Marketing eines Hedgefonds, bis sie als Kinderbetreuerin in Kenia schließlich eine Aufgabe fand, die „Hirn und Herz anspricht“. Nach einem Jahr Afrika kehrte sie aber nach Deutschland zurück und arbeitet seitdem als selbstständige PR- und Kommunikationsexpertin und lange Jahre mit der Münchner Modemarke „Talbot und Runhof“. Hier schließt sich der Kreis: Sie mag es, das Geschäftliche mit dem Privaten zu verbinden und lädt auch ihre Geschäftspartner für Dinnerpartys zu sich nach Hause ein. In ihrer edlen, mit gemütlich wirkenden Stilbrüchen gesprenkelten Wohnung steht sie passend dazu schon mal fertig zurechtgemacht im Abendkleid am Herd, die beiden Hunde zwischen ihren Füßen umherspringend. „Es macht mir einfach Spaß, Menschen zusammenzubringen.“ Das fängt schon bei den Vorbereitungen an. Minzi holt sich als Unterstützung gerne ein, zwei Freundinnen, um ganz entspannt in den Abend zu starten. Im Idealfall plant sie auch ausreichend Zeit zum Einkaufen ein. „Ich koche gerne vor. Wenn ich meine Gäste um 20 Uhr einlade, fange ich am besten zwölf Stunden vorher an.“ Bei einem Glas Champagner oder Moscow Mule – ihrem Lieblingscocktail – kommen die Leute ganz locker miteinander in Kontakt und einem tollen Abend mit einer interessanten Gastgeberin und intensiven Gesprächen bis in den frühen Morgen steht nichts mehr im Weg.

VORSPEISE

Feldsalat klassisch mit Tomaten, Speck und Pinienkernen

FÜR 6 PERSONEN

FÜR DEN SALAT

2 Packungen Feldsalat (etwa 300 g)

300 – 500 g Champignons

Olivenöl

Salz

Pfeffer

100 g Speckstreifen
(man rechnet 2 Scheiben pro Person)

50 g Pinienkerne

250 – 300 g Kirschtomaten

FÜR DAS DRESSING

1 EL Balsamicoessig

1 EL Agavendicksaft

1 TL Senf

Salz

Pfeffer

2 EL Olivenöl

1 Den Feldsalat gut waschen, am besten in einer großen Schale mit viel Wasser, und den Vorgang zweimal wiederholen. Anschließend gut abtropfen lassen.

2 Die Champignons mit einem Tuch abwischen und kurz in Olivenöl anbraten, mit Salz und Pfeffer würzen. Den Speck ohne Öl anbraten. Die Pinienkerne leicht und vorsichtig in etwas Olivenöl anbraten. Achtung: Gut beobachten, sie verbrennen leicht. Die Kirschtomaten waschen und vierteln. Alles bis zum Anrichten zur Seite stellen.

3 Für das Dressing Balsamicoessig, Agavendicksaft, Senf, Salz, Pfeffer und Öl mischen. Den Feldsalat mit Champignons, Tomatenvierteln und Pinienkernen anrichten, dann das Dressing darüberträufeln. Mit Speckscheiben belegen und servieren.

Psssst …

Bei einer deftigen Hauptspeise genügt ein schnell zubereiteter leichter Salat als Vorspeise.

HAUPTGANG

Spaghetti Bolognese

Psssst …

Gerade bei Geschäftsessen kommt Hausmannskost immer gut an.

FÜR 6 PERSONEN

900 g Spaghetti guter Qualität

FÜR DIE SAUCE

etwa 450 g gemischtes Hackfleisch

Olivenöl

1 ½ Zwiebeln

1 ½ Selleriestangen

1 ½ Karotten

350 ml Rotwein

Salz

Pfeffer

3 Dosen stückige Tomaten (etwa 1,2 kg)

Chiliflocken

1 Lorbeerblatt

1 EL italienische Kräutermischung

2 EL Agavendicksaft

5 EL Tomatenmark

Parmesan, gerieben

1 Für die Sauce das Fleisch in etwas Olivenöl scharf anbraten. Die Zwiebeln schälen, vom Sellerie die Fäden ziehen und die Karotten waschen. Alles in kleine Würfel schneiden und zum Hackfleisch geben. Mit Rotwein ablöschen. Kräftig mit Salz und Pfeffer würzen. Die stückigen Tomaten dazugeben und köcheln lassen, bis der Wein eingekocht ist.

2 Mit Chiliflocken nach Geschmack, dem Lorbeerblatt sowie der Kräutermischung würzen, den Deckel auf den Topf setzen und etwa 1 Stunde köcheln lassen.

3 Zum Schluss mit Agavendicksaft, Salz und Tomatenmark abschmecken.

4 Die Nudeln in reichlich Salzwasser bissfest kochen und mit der Sauce anrichten. Nach Belieben geriebenen Parmesan dazu reichen.

Psssst …

Statt die Baisers selbst zu machen, eignen sich auch prima gekaufte.

DESSERT

Eton Mess

FÜR 6 PERSONEN

FÜR DAS BAISER

4 Eiweiß

1 Prise Salz

160 g Zucker

FÜR DIE HIMBEERSAUCE

300 g Himbeeren (frisch oder TK-Ware)

Agavendicksaft

2 Becher Sahne (etwa 400 ml)

Mark von 1 Vanilleschote

500 – 800 g Vanilleeis

1 Für das Baiser Eiweiß steif schlagen, das Salz hinzugeben und die Hälfte des Zuckers vorsichtig unterheben. Weiterschlagen und die zweite Hälfte untermengen.

2 Die Baisermasse entweder mit einem Teelöffel auf ein mit Backpapier belegtes Backblech geben oder mithilfe eines Spritzbeutels klassische Baiserformen aufspritzen.

3 Die Baisers auf der mittleren Schiene bei 80 – 100 °C für 2 Stunden in den Ofen geben, anschließend nochmals bei 70 – 80 °C 2 Stunden trocknen lassen.

4 Werden für die Himbeersauce frische Früchte verwendet, einige davon für die Dekoration zur Seite stellen. Dann die restlichen Himbeeren mit Agavendicksaft nach Geschmack mithilfe eines Mixstabes pürieren.

5 Die Sahne mit Vanillemark steif schlagen. Die fertigen Baisers zerkrümeln und zur Sahne geben. In ein Dessertschälchen füllen und etwas Vanilleeis daraufsetzen. Mit den ganzen Himbeeren dekorieren und abschließend etwas Himbeersauce darüberträufeln.

Moderne Stühle fügen sich wunderbar zu einem antiken Esstisch und geben dem Raum Leichtigkeit.

Purpur, Gold und Grau wirken edel zusammen
und kreieren einen feierlichen Gesamteindruck.

Umso ungezwungener die Einrichtung ist, umso besser.

Sommerferien an der Marne

ANN-CHRISTINE WOEHRL, FOTOGRAFIN

DIE EINRICHTUNG IHRES ATELIERS erzählt von weiten Reisen, von fernen Ländern und Kulturen, die Bilder an den Wänden von Menschen und ihren unterschiedlichen Schicksalen. Ann-Christine Woehrl wusste schon sehr früh in ihrem Leben, dass sie einmal Fotografin werden möchte. „Es war auf einer Klassenreise nach Ägypten. Dort wurde ich magisch angezogen von allem, was mit dem Leben in diesem Land zu tun hat. Die Gewürze, die Abendstimmung…" Von diesem Moment an hatte sie eigentlich immer ihre Kamera dabei und fotografierte zunächst hauptsächlich Landschaften und Stillleben; heute widmet sie sich nur noch Menschen und ihren Lebenswegen. „Dieses Gefühl des Reisens in das Unbekannte und Spannende – das wollte ich", erzählt sie. Und da ihre Großmutter in einem 1000-Seelen-Dorf bei Paris lebt, studierte sie nach der Schule auch Fotografie in der Seine-Metropole.
Zwei Drittel des Jahres ist Ann-Christine in der Welt unterwegs, um mit ihren Bildern von Menschen zu erzählen, die von der Gesellschaft verstoßen oder ausgeschlossen wurden. „Ich möchte etwas Sinnhaftes tun, das war und ist mein Bestreben." Auch tragischen Themen einen breiteren Zugang zu verschaffen ist ihr wichtig.

Doch nach all den oftmals kräftezehrenden Reisen gibt es Momente, in denen sie einfach entspannen und „herunterkommen" muss. Dabei hilft ihr das Kochen. „Es hat für mich etwas Meditatives. Zeitluxus, das umschreibt es wohl am besten." Die italienische und marokkanische Küche haben es ihr angetan – letztere besonders wegen ihrer aromatischen Düfte. Aber am liebsten kocht sie für sich selbst Pasta, ganz unkompliziert und klar. „Ich brauche immer das Gefühl, zurück zu den europäischen Wurzeln zu kehren, wenn ich auf Reisen war und freue mich, wieder rohes Gemüse und ein schönes Stück Fleisch zu essen." Ein Abend mit Gästen beginnt meistens mit einem Glas gutem Bordeaux und Häppchen wie Oliven oder Kapern, er endet mit frischem Verveine-Tee aus dem Garten ihrer Großmutter und dunkler Schokolade. In der Zeit dazwischen stehen alle in der Küche, mitten in ihrem Atelier, und kochen gemeinsam oder verewigen sich an der großen Wandtafel hinter dem alten Holztisch. Die Düfte, die dabei aus dem Ofen steigen, mag Ann-Christine besonders, sie erinnern sie an ihre Kindheit, an das Käsesoufflé ihrer Großmutter. Sie nannte sie schon als kleines Mädchen „fine bouche" – also eine Feinschmeckerin. Wie recht sie doch hat …

VORSPEISE

Radicchio mit Chèvre

FÜR 6 PERSONEN

2 große oder 3 kleine Radicchio

Olivenöl

3 Feigen (man rechnet ½ pro Person)

Salz

Pfeffer

1 ½ EL Crème de Balsamico

1 Chèvre (Ziegenkäse von der Rolle)

Kerne von 1 Granatapfel

1 Handvoll Walnüsse, gehackt

1 Die Blätter des Radicchio ablösen und in einer Pfanne mit etwas Olivenöl ganz leicht andünsten.

2 Die Feigen schälen und mit einer Gabel leicht zerdrücken. Mit Salz, Pfeffer und Crème de Balsamico abschmecken.

3 Die Radicchioblätter kreisförmig auf Tellern anrichten. Den Chèvre in dicke, gleichmäßige Scheiben schneiden und je eine die Mitte setzen.

4 Mit Feigensauce, Granatapfelkernen und gehackten Walnüssen garnieren.

Psssst …

Den Radicchio nur ganz kurz andünsten, sonst fällt er in sich zusammen.

HAUPTGANG

Poulet à l'estragon

FÜR 6 PERSONEN

750 g Kenia-Bohnen

Gemüsebrühepulver (optional)

25 g Butter + etwas zusätzlich zum Schwenken

½ TL Salz

6 Hühnerbrüste

3 EL Moutarde à l'ancienne

1 EL Dijonnaise

250 ml Sahne

1 Schuss Cognac (Hennessy)

Gemüsebrühe, angerührt (optional)

2 Zweige Estragon, die Blätter abgezupft + einige zusätzlich für die Dekoration

3 Handvoll rote Pfefferbeeren

1 Die Bohnen in kochendem Salzwasser etwa 15 Minuten leicht garen. Nach Belieben auch etwas Gemüsebrühepulver ins Wasser geben.

2 Butter und Salz in eine hohe Bratpfanne geben. Die Hühnerbrüste von allen Seiten leicht darin anbraten. Die äußere Haut muss allerdings noch weiß bleiben.

3 Beide Senfsorten sowie Sahne zugeben und leicht köcheln lassen. Mit etwas Cognac ablöschen. Eventuell mit etwas Gemüsebrühe strecken. Zum Schluss die Estragonblätter zugeben.

4 Die Bohnen leicht in Butter schwenken, mit je einer Hühnerbrust und etwas Sauce auf Tellern anrichten. Mit einem Estragonzweig und roten Pfefferbeeren dekorieren.

DESSERT

Zimtcreme mit eingelegten Pflaumen

FÜR 6 PERSONEN

FÜR DIE GEWÜRZPFLAUMEN

6 Pflaumen (alternativ: Zwetschgen)

Rotwein

Zucker

Zimt

FÜR DIE CREME

3 Eier

1 EL brauner Zucker

250 g Mascarpone

1 EL Zimt + etwas zusätzlich zum Bestäuben

3 Pck. Vanillezucker (etwa 20 g)

1 Die Pflaumen etwa 15 Minuten in etwas Rotwein, Zucker und Zimt nach Geschmack einkochen.

2 Für die Creme die Eier trennen, dann Eigelb und braunen Zucker cremig rühren. Das Eiweiß steif schlagen.

3 Mascarpone in die Eigelb-Zucker-Mischung rühren und Zimt sowie den Vanillezucker unterheben.

4 Das geschlagene Eiweiß unterziehen und zum Kühlen in den Kühlschrank stellen.

5 Zum Servieren die Creme in kleine Gläschen füllen, die Pflaumen auf Holzstäbchen stecken und quer über den Glasrand legen. Nach Belieben mit etwas Zimt bestäuben.

Psssst …

Die Zutaten nicht mit dem Handrührgerät, sondern dem Schneebesen vermengen, sonst wird das Dessert zu flüssig.

OF DE
EL SALVADOR
OF
EL SALVADOR
MAJADA 1-SHG
COOPERATIVA LA MAJADA DE R.L.
029
48
73

LINKS Bilder ihrer Ausstellung über Voodoo in Afrika.
OBEN Die Bilder geben dem Raum eine persönliche Ausstrahlung und Emotionalität.

1001 Nacht

CAMILLA FISCHBACHER, ART-DIREKTORIN UND FOTOGRAFIN

MORGEN PARIS, in zwei Wochen Mailand, dann Frankreich und Indien: Das ist ein kleiner Ausschnitt aus dem Leben von Camilla Fischbacher. Die Tochter eines persischen Vaters und einer amerikanischen Mutter wurde im Iran geboren. Als sie zehn Jahre alt war, brach der Iran-Irak-Krieg aus. Lange lebten sie deshalb provisorisch in der Schweiz, bis klar war, dass man der Heimat endgültig den Rücken kehren musste. Das Leben an unterschiedlichen Orten durchzog ihre Geschichte schon immer wie ein roter Faden: Während eines Austauschjahres in Oxford – wo Camilla ihren Mann kennenlernte – und ihrem dortigen Philosophie-Studium fing sie an, für sich und ihre Kommilitonen zu kochen. Danach lebte sie mit ihrem Mann in Malaysien, Hong Kong, Tokio und Kalifornien. Heute ist der Lebensmittelpunkt der studierten Fotografin und ihrer Familie St. Gallen in der Schweiz. Neben ihrer Arbeit als Art-Direktorin und der Erziehung ihrer drei Kinder, fliegt sie einmal im Jahr nach Tokio, um ihrer Leidenschaft, der Fotografie, nachzugehen. Aber es ist nicht nur ein Hobby, ihre Werke werden unter anderem in Galerien in New York ausgestellt. Bei so vielen unterschiedlichen Eindrücken ist es klar, dass diese internationalen Einflüsse auch in ihre Art zu Kochen einfließen. „Unsere Reisen und auch die längeren Aufenthalte in Asien haben meine Küche auf jeden Fall stark inspiriert."

Wenn Camilla aber einmal nicht unterwegs, sondern zu Hause an ihrem eigenen Herd steht, liebt sie es umso mehr, für Freunde und Familie zu kochen, nicht selten ein- bis zweimal die Woche. Da stehen dann chinesische, indische oder thailändische Gerichte auf dem Speiseplan. Sie hat eben viele Freunde aus aller Herren Länder, die ihr gerne auch mal eines ihrer Rezepte verraten. Aber bei aller Liebe zu den verschiedensten Küchen, ist es doch die persische, an der ihr Herz hängt, sie ist die „Trostnahrung" für sie. „Als wir den Iran verlassen mussten, wussten wir zwar, wie die Gerichte schmecken sollen, aber keiner konnte kochen. Gott sei Dank gab es ein Buch, ‚Food of life', damit haben alle Expats kochen gelernt", erzählt sie. Während ihrer Zeit in Tokio gab sie sogar Kochkurse für persische Küche und wurde dort immer wieder nach „Hummus" gefragt, von dem alle denken, es sei persisch – ist es aber nicht. „Showing people that you love them by feeding them" – das ist Camillas Leitspruch. Gibt es einen schöneren Grund zu kochen?

VORSPEISE

Hummus mit Tahina, Auberginen mit Joghurt und Joghurt-Gurken-Dip

Psssst …

Auberginen in Stücke schneiden, salzen und 5 Minuten stehen lassen – das nimmt die Bitterkeit.

FÜR 6 PERSONEN

FÜR DEN HUMMUS:

1 ¼ Tassen getrocknete Kichererbsen, über Nacht in Wasser eingeweicht

Salz, Pfeffer

2 TL Kümmelpulver

2 Knoblauchzehen, fein gehackt

5 EL Olivenöl, Chilipfeffer

½ TL Harissa (scharfe Gewürzpaste)

Saft von 2 Zitronen, 4 EL Tahina

1 Die Kichererbsen abtropfen lassen und in frischem Wasser für etwa 1 Stunde kochen, bis sie weich sind. Mit Salz würzen und abkühlen lassen.

2 Kichererbsen, das Kochwasser und alle weiteren Zutaten in die Küchenmaschine geben und zu einer dicken Creme mixen.

3 In eine flache Schüssel umfüllen und nach Belieben mit Petersilie, Paprikapulver und etwas Olivenöl garnieren.

FÜR DIE AUBERGINEN:

2 Auberginen, in Scheiben geschnitten

½ Tasse Pflanzenöl

2 Tassen Vollmilchjoghurt

1 Knoblauchzehe, zerdrückt

½ TL Minze, getrocknet

Salz, Pfeffer

1 Die Auberginenscheiben waschen und trocken tupfen. In einer Pfanne oder auf dem Grill goldbraun anrösten. Jede Seite mit Öl bepinseln und einmal wenden.

2 Den Joghurt in eine Schüssel geben und mit Knoblauch, Minze, Salz und Pfeffer vermengen.

3 Die Auberginenscheiben auf Tellern anrichten und mit der Joghurtmischung bestreichen. Zum Schluss nach Belieben mit Paprikapulver bestreuen und servieren.

FÜR DEN JOGHURT-GURKEN-DIP:

1 Gurke, 3 Tassen fettarmer Joghurt

2 Knoblauchzehen

¼ Tasse Frühlingszwiebeln, gehackt

2 TL frische Minze

2 TL Dill, 2 TL Oregano, 1 TL Thymian, 4 TL Estragon, jeweils frisch und gehackt

3 TL Walnüsse, gehackt

1 TL Salz, 1 TL schwarzer Pfeffer

½ Tasse Rosinen

3 TL getrocknete Rosenblütenblätter

1 Die Gurke schälen, entkernen und in Würfel schneiden. Etwas davon zum Garnieren zur Seite stellen. Knoblauch schälen und zerdrücken.

2 In einer großen Schüssel alle Zutaten, bis auf die Rosinen, mischen. Alles gründlich vermengen und nach Bedarf nochmals abschmecken.

3 Den Dip mindestens 15 Minuten, maximal 4 Stunden, in den Kühlschrank stellen, bevor er serviert wird. Kurz vor dem Servieren die Rosinen zugeben und sorgfältig unterrühren.

4 Mit den beiseitegestellten Gurkenwürfeln, Minze, Rosinen, Walnüssen und den Rosenblütenblättern garnieren. Am besten mit Pitabrot servieren.

HAUPTGANG

Auberginen-Eintopf und Tomaten-Gurken-Salat

FÜR 6 PERSONEN

FÜR DEN EINTOPF

1 kg Lammkeule (alternativ: Rindergulasch), in Würfel geschnitten

3 Zwiebeln, geschält und fein gehackt

100 ml Pflanzenöl + etwas zusätzlich für die Auberginen

Salz

¼ TL Pfeffer

3 mittelgroße Auberginen

1 Dose Tomaten, geschält

Tomatenmark

3 Limo amani (getrocknete Limetten) (alternativ: Limettensaft)

¼ TL Safranpulver, aufgelöst in 2 EL heißem Wasser

1 TL Fünfgewürzepulver

1 Das Fleisch und zwei Zwiebeln in einem großen Topf in Öl goldbraun braten, dann mit Salz und Pfeffer würzen. Mit 500 ml Wasser aufgießen, alles zum Kochen bringen und 1,5 Stunden bei kleiner Hitze köcheln lassen.

2 Den Backofengrill auf 300 °C vorheizen. Die Auberginen schälen und der Länge nach vierteln, mit etwas Wasser bespritzen, auf beiden Seiten salzen und 20 Minuten zur Seite stellen. Anschließend mit etwas Öl bepinseln. Für 9–11 Minuten im Ofen grillen. Aus dem Ofen nehmen und in Küchenkrepp schichten.

3 Geschälte Tomaten, etwas Tomatenmark und Limetten zum Fleisch geben und bei Bedarf nochmals würzen. Weitere 10 Minuten köcheln lassen. Auberginen, Safran und Fünfgewürzepulver zugeben und weitere 30–40 Minuten ziehen lassen. Gelegentlich umrühren.

Psst ...

Etwas Kurkuma zum Lammfleisch geben, das mindert den „bockigen Geschmack".

FÜR DEN SALAT

250–500 g Kirschtomaten

2 japanische Salatgurken

3 EL Olivenöl

Saft von 1 Zitrone

½ TL Salz

¼ TL frisch gemahlener Pfeffer

2 Schalotten

1–2 grüne Chilischoten

1 EL frische Minze, fein gehackt

1 Handvoll glattblättrige Petersilie, fein gehackt

1 Die Kirschtomaten vierteln und die Gurke in kleine Würfel schneiden.

2 Olivenöl, Zitronensaft, Salz und Pfeffer in einer Schüssel vermischen. Die Schalotten schälen und in kleine Würfel schneiden. Die Chilis halbieren, entkernen und in dünne Streifen schneiden. Beides mit Tomaten und Gurken zum Dressing geben.

3 Zum Schluss die Minze unterheben und sofort servieren. Nach Wunsch mit Petersilie garnieren.

DESSERT

Granatapfel-Orangen-Salat

Psssst …

Die Granatapfelkerne am besten unter Wasser herauspulen, das vermeidet Spritzer.

FÜR 6 PERSONEN

4 große Orangen, geschält und in dünne Scheiben geschnitten

Saft von 1 Zitrone

2 EL Puderzucker

1 EL Rosenwasser

Kerne von 1 Granatapfel

6–10 Minzblätter

1 Die Orangenscheiben mit Zitronensaft, Puderzucker und Rosenwasser in einer Schüssel vermengen.

2 Die Mischung in Schälchen verteilen und zum Schluss die Granatapfelkerne aufstreuen. Mit Minzblättern garniert servieren.

LINKS Erinnerungen von vielen Auslandsaufenthalten bekommen ihren individuellen Platz.
UNTEN Auf dem Klavier sammeln sich Fotos der ganzen Familie.

KNAUR
Ein Prinz erzählt
STEPHEN HAWKING
zweite

Ein guter Start in den Tag

LESLIE VON WANGENHEIM, IMMOBILIENUNTERNEHMERIN

EINE AMERIKANERIN in Deutschland – das ist Leslie von Wangenheim. Seit vielen Jahren lebt sie nun schon in Deutschland, den Kontakt mit ihrem Heimatland hat sie aber nie verloren. Früher fuhr sie mit ihrer Familie einmal im Jahr für sechs Wochen dahin zurück. Jetzt besuchen beide Kinder dort die Universität – Amerika ist und bleibt ihr sehr wichtig. Nach ihrem Studium der Kunstgeschichte in Princeton kam sie über Stationen in Bodrum, Paris und London nach München, wo sie prompt ihren Mann kennenlernte, mit dem sie mittlerweile auch zusammenarbeitet. Aber nicht nur durch regelmäßige Besuche zeigt sich die Verbindung mit der amerikanischen Kultur, sondern auch in ihrer Küche. „American Cheesecake oder Caesar Salad – das ist für mich ganz klar Amerika." Und obwohl sie nicht direkt in eine kochende Familie hineingeboren wurde, ist das Kochen für sie heute ein ganz selbstverständliches Familienereignis. „Wir kommen alle zusammen, diskutieren, jeder hat seine Aufgaben. Es wird viel gelacht und sich ausgetauscht – das ist einfach wunderbar." Diese Gemeinschaft genießt Leslie von Wangenheim und nutzt die Zeit in der Küche auch als Entspannung und um den Kopf frei zu bekommen. Da ist es nicht verwunderlich, dass sie auch gerne Gastgeberin ist und regelmäßig oder besonders an für sie wichtigen Festen wie Thanksgiving oder dem Unabhängigkeitstag Gäste zum Dinner einlädt. An einer riesigen, fast ritterähnlichen Tafel serviert sie Freunden und Geschäftspartnern ihre Köstlichkeiten. Das fängt schon beim Apéro an, da gibt es meist Champagner mit leckeren Kleinigkeiten wie Datteln im Speckmantel und Glasnudelsalat und endet bei einem leichten und leckeren Dessert – aber immer mit einem besonderen „Pfiff", darauf legt Leslie wert. „Ich stimme alles ein bisschen aufeinander ab, aber eher nicht zu perfekt, damit es nicht langweilig wird." So nutzt sie zum Beispiel meistens Dinge aus ihrem Garten an der Isar für die Deko, „das ist spannender und schöner als jedes Blumenarrangement". Neben dem Dinner hat es ihr aber auch eine ganz andere Mahlzeit angetan: das Frühstück. Sie stellt ihr eigenes Granola-Müsli in verschiedenen Varianten her, sozusagen „als gesunden Start in den Tag". Das serviert sie ihrer Familie oder verschenkt es an Freunde. Sie ist der festen Überzeugung, „dass die Ernährung der Schlüssel zu unserer Gesundheit ist", und achtet sehr genau darauf, was sie ihrer Familie zu essen gibt. Mit einer solchen Grundlage kann es ja nur ein guter Tag werden …

FRÜHSTÜCK

Serious Granola – You've got to be nuts

Psssst …

Das Müsli schmeckt sehr lecker mit Grapefruit-, Orangensaft, Milch oder Joghurt.

FÜR DIE MÜSLIMISCHUNG

50 g Macadamianüsse

50 g Cashewkerne

50 g Paranüsse

50 g Walnüsse oder/oder Pekannüsse

25 g Sesamsamen

25 g Leinsamen

250 g Haferflocken

100 g Rosinen (optional)

FÜR DIE SIRUPMISCHUNG

75 ml Ahornsirup oder Tannensirup

500 g Honig

500 ml Zuckerrübensirup

250 ml Orangensaft

40 g Butter

Zimt

Muskat

Kardamom

Ingwer

Zitronen- und Orangenabrieb

1 Alle Zutaten (bis auf die Rosinen) für Müsli- und Sirupmischung getrennt miteinander vermengen. Die Gewürze für die Sirupmischung nach Geschmack einsetzen. Anschließend den Sirup unter die Müslimischung rühren.

2 Die Masse gleichmäßig auf einem mit Backpapier belegten Backblech verteilen und bei 140 °C 1 Stunde backen. Nach dieser Zeit die Rosinen untermischen und weitere 30 Minuten bei 130 °C backen.

3 Auskühlen lassen und in einem luftdicht verschließbaren Gefäß lagern.

Faires
PFUND

FRÜHSTÜCK

Vollkorn-Bran-Muffins mit Apfelmus und Walnüssen

FÜR 12 MUFFINS

- Öl zum Sprühen
- 180 g Vollkornmehl
- 1 ½ EL Backpulver
- 180 g Haferkleie
- 54 g brauner Zucker
- ¾ TL Salz
- 3 Eiweiß (Größe L)
- 350 ml Naturjoghurt (1,5 % Fettgehalt)
- 120 ml fettarme Milch
- 170 g Melasse
- 1 ½ TL Vanilleextrakt
- 180 g ungesüßtes Apfelmus
- 1 ½ TL unbehandelte Orangenschale
- 250 g Walnüsse, fein gehackt

1 Den Backofen auf 220 °C vorheizen und ein Muffinblech mit Öl aussprühen.

2 Das Vollkornmehl mit Backpulver, Haferkleie, braunem Zucker und Salz in einer Schüssel mischen und eine Mulde in die Mitte drücken.

3 In einer separaten Schüssel das Eiweiß zu Schaum schlagen, dann Joghurt, Milch, Melasse und Vanilleextrakt einrühren.

4 Diese Mischung zu den trockenen Zutaten geben und verrühren, bis alles gut gemischt ist.

5 Anschließend Apfelmus, Orangenschale und gehackte Walnüsse unterziehen und den Teig bis auf etwa ein Drittel Höhe in die Vertiefungen des Muffinbackblechs füllen.

6 In den vorgeheizten Ofen geben und 10–12 Minuten goldbraun backen. Nach dieser Zeit die Stäbchenprobe machen: Wenn am hineingestochenen Holzspieß noch Teig haftet, einfach noch ein paar Minuten weiterbacken.

7 Aus der Form nehmen und vollständig abkühlen lassen.

Psssst …

Das Arganöl macht's: Es hilft dem Körper, das in den Karotten enthaltene Vitamin A optimal aufzunehmen.

FRÜHSTÜCK

Karotten-Apfel-Ingwer-Saft mit Arganöl

FÜR 6 GLÄSER

- 1 kg Karotten
- 1 kg Äpfel (am besten Braeburn oder Jonagold)
- 100–150 g frischer Ingwer (abhängig von der gewünschten Schärfe)
- ca. 100 ml Arganöl

1 Karotten, Äpfel und Ingwer schälen, dann in Stücke schneiden und abwechselnd durch den Entsafter pressen. Die Säfte zu gleichen Teilen oder in beliebigem Mischungsverhältnis in einen Krug füllen.

2 Einige Tropfen Arganöl in die Gläser geben und die Saftmischung aufgießen.

In Leslie von Wangenheims Wohnung steht Altes und Modernes in perfekter Harmonie nebeneinander.

Zeitgenössische Kunst ist mein Spezialgebiet.

GANZ LINKS Die Neon-Leucht-Zeile verleiht dem Raum viel Modernität.
LINKS Zum professionellen Müsli gehört auch eine professionelle Verpackung.
UNTEN Die lange Tafel ist ideal für viele Gäste, wirkt aber auch in kleinerer Runde gemütlich.

Entspannung vor der Modenschau

AYSEN BITZER-BOURAK, MODEDESIGNERIN UND INHABERIN VON 0039 ITALY

„DU BIST, WAS DU ISST" – das ist das Motto von Aysen Bitzer-Bourak. Die Tochter einer Türkin und eines Schwaben wurde in Stuttgart geboren und erinnert sich heute noch gerne an die Düfte ihrer Kindheit, „meine Mutter ist eine hervorragende Köchin, bei uns roch es im Haus immer nach leckerem Essen". Aber nicht nur die Leidenschaft fürs Kochen hat sie von ihrer Mutter geerbt, nein, auch die Liebe und das Verständnis für Mode. Durch einen Zufall – sie spielte im Urlaub Fußball am Strand – kam ihr der Gedanke, alltagstaugliche, hochwertige und zugleich stylische Blusen zu entwerfen und so entstand die Idee für das Modelabel „0039 Italy", das sie gemeinsam mit ihrem Mann führt. Aber schnell zurück zum Essen: In ihrem auf den ersten Blick puristisch gestalteten Haus verbringt sie viel Zeit in der Küche, dem Raum mit dem gemütlichen Esstisch im Zentrum und den vielen femininen, in Rosa- und Rottönen gehaltenen Farbtupfern; ihr wertvollster Küchenhelfer, die Kitchen Aid, leuchtet in fröhlichem Orange. „Der Raum an sich muss für mich schön sein, das inspiriert mich." Aber auch die Produkte selbst und ihre vielen Reisen ins Ausland. Aysen nutzt das Kochen als Entspannung vom stressigen Alltag. „Je mehr Stress ich habe, desto mehr koche ich, das beruhigt mich", sagt sie. Ihre liebsten Gäste sind ihr Mann und ihre beiden Söhne, die sie hauptsächlich mit leichter italienischer Küche bekocht. Die Zutaten stammen von regionalen Händlern, auf Frische und Qualität legt sie großen Wert. Aber neben den gemütlichen Familienessen gibt es auch noch eine andere Seite: Ihr unvergesslichstes Dinner durfte sie in Begleitung ihres Lieblingsdesigners Azzedin Alaia verbringen, „das war ein ganz besonderes Erlebnis für mich". So etwas genießt Aysen, aber die wahren Abende sind für sie die, an denen sie selbst am Herd steht und ihre Gäste mit ausgesuchten Weinen und dem unverzichtbaren Champagner Ruinart rosé als Apertitif verwöhnt. Perfekt angezogen – das ist ihr sehr wichtig – bereitet Aysen liebevoll ihre Menüs vor, denn Essen hat für sie auch eine sexy und sinnliche Seite. Mit ausgesuchter Deko, zum Beispiel ihren rosafarbenen Lieblingsrosen, setzt sie ihnen das i-Tüpfelchen auf. Ein guter Koch ist ihrer Meinung nach erst, „wer aus dem Nichts ein tolles Essen" zaubern kann. All die anderen guten Köche versammelt sie in ihrem Bücherregal, über 100 Bücher fasst ihre Sammlung. Man sieht also, diese Frau hat in Sachen Kochen noch viel vor …

VORSPEISE

Rucola-Salat mit Kalbsschnitzel

Psssst …

Der Muskatessig verleiht dem Salat erst die richtige Note.

FÜR 6 PERSONEN

- Paniermehl (am besten frisch gerieben)
- Salz
- Pfeffer
- 2 Eier
- 6 EL Olivenöl + etwas zusätzlich zum Anbraten
- 6 EL Muskatessig (Balsamico di Moscato)
- 6 Kalbsrückensteaks (1 cm dick)
- etwas Mehl
- Butter
- 2 Bund Rucola
- 200 g Kirschtomaten

1 Das Paniermehl mit etwas Salz und Pfeffer vermengen. Die Eier leicht aufschlagen und die Steaks flach klopfen.

2 In der Zwischenzeit für die Salatsauce Olivenöl mit Muskatessig mischen und mit Salz und Pfeffer abschmecken.

3 Das Fleisch salzen und mit etwas Mehl bestäuben. Etwas Butter und Olivenöl in eine Pfanne geben und erhitzen. Die Steaks durch Ei und Paniermehl ziehen und in der Pfanne auf jeder Seite 2–3 Minuten goldbraun braten.

4 Den Rucola waschen, zupfen und die Tomaten in Viertel schneiden. Dann mit der Sauce mischen und auf den Tellern anrichten. Je ein Schnitzel daraufsetzen und servieren.

HAUPTGANG

Steinpilz-Risotto

FÜR 6 PERSONEN

1 l Gemüsebrühe

2 Zwiebeln

Sonnenblumenöl

700 g Risottoreis

300 ml Weißwein

300 g Steinpilze

200 g Kirschtomaten

1 Knoblauchzehe, zerdrückt

Olivenöl

1 g Safranpulver

Butter

2 Handvoll Parmesan

1 Die Gemüsebrühe zum Kochen bringen. Die Zwiebeln schälen, klein schneiden und in etwas Sonnenblumenöl in einem Topf geben und anbraten, bis sie leicht Farbe nehmen. Den Reis dazugeben und mit Weißwein ablöschen. Bei hoher Hitze anbraten. Wenn der Reis durchsichtig wird, etwas heiße Brühe angießen, bis er bedeckt ist. Die Brühe bei geschlossenem Deckel und geringer Hitze einköcheln lassen und immer wieder etwas angießen, bis die komplette Brühe aufgebraucht ist.

2 Parallel die Steinpilze abwaschen, in Scheiben schneiden und die Kirschtomaten waschen und halbieren. Beides mit der Knoblauchzehe in etwas Olivenöl goldbraun anbraten.

3 Sobald der Reis den Großteil der Brühe aufgesogen hat, den Safran unterrühren und einige Minuten weiterköcheln lassen.

4 Etwas Butter sowie den Parmesan unterrühren und unter Rühren nochmals weiterköcheln lassen, bis sich Parmesan und Reis zu einer cremigen Konsistenz verbinden.

5 Zusammen mit den Pilzscheiben und den Tomatenhälften auf Tellern anrichten und servieren.

Pssst …

Den Risottoreis mit einem großen Löffel in Nocken abstechen.

Psssst ...

Die Butter auf den Teig hilft, die Füllung zu karamellisieren. Für mehr Karamellgeschmack einfach den Boden mit einer extra Portion Butter und Zucker bestreichen.

DESSERT

Apfelstrudel

FÜR 6 PERSONEN

FÜR DEN TEIG

250 g Mehl
+ etwas zusätzlich zum Ausrollen

2 EL Butter, zerlassen

1 Ei

1 Prise Salz

1 EL Pflanzenöl

FÜR DIE FÜLLUNG

1 kg feste Äpfel

1 unbehandelte Zitrone

70 g Zucker

½ TL Zimtpulver

2 – 3 EL Semmelbrösel

Butter, zerlassen

Puderzucker

1 Für den Teig das Mehl auf einem Backbrett oder der Arbeitsplatte häufen. Eine Mulde in die Mitte drücken, dann Butter, Ei und Salz hineingeben. Die Zutaten mischen und zu einem homogenen Teig kneten. Schrittweise 100 ml Wasser zufügen. Nochmals sehr kräftig durchkneten, zu einer Kugel formen und mit Öl bestreichen. Die Teigkugel in eine Plastiktüte geben und 30 Minuten im Kühlschrank ruhen lassen.

2 Für die Füllung die Äpfel schälen, das Kerngehäuse entfernen, das Fruchtfleisch vierteln und in dünne Scheiben schneiden. 2 EL Zitronensaft sowie den Abrieb, Zucker und Zimt zugeben und etwa 15 Minuten ziehen lassen.

3 Den Backofen auf 200 °C vorheizen. Zum Ausrollen des Teiges ein großes Küchentuch mit Mehl bestäuben. Den Teig mit dem Nudelholz dünn darauf ausrollen, anschließend mit beiden Händen hauchdünn ausziehen und mit etwas zerlassener Butter bestreichen.

4 Die Apfelmischung gleichmäßig auf der Teigfläche verteilen. Ringsum einen 2 cm breiten Rand frei lassen. Die Ränder ebenfalls mit zerlassener Butter bestreichen und nach innen über die Äpfel einschlagen.

5 Das Küchentuch an einer der Längsseiten anheben, den Strudel aufrollen und die Oberfläche mit zerlassener Butter bestreichen. Im vorgeheizten Backofen etwa 1 Stunde bei 180 °C backen. Abkühlen lassen und mit Puderzucker bestäubt servieren.

Meine Umgebung **muss schön sein,** *dann bin ich* **inspiriert.**

Aysen Bitzer-Bouraks Wohnzimmer in warmen Tönen ist sehr einladend.

Hauptsache Wein

CHRISTIN WÖHRWAG, WINZERIN

CHRISTIN WÖHRWAG IST eine Winzerin aus Fleisch und Blut. Geboren in einer Winzerfamilie im Rheingau, Studium der Getränketechnologie, dann die Heirat mit einem Kommilitonen – diese Frau lebt für den Wein. „Es erfüllt uns jeden Tag. Allerdings gibt es auch keinen Feiertag und kein Wochenende, das muss man schon mögen." Aber sie ist es ja von klein auf gewohnt.

Und mit dem Wein kam auch das Kochen. Laut Christin Wöhrwag gibt es keinen Winzer, der nicht auch kochen kann, selbst ihre Söhne und ihre Tochter teilen bereits die Liebe ihrer Mutter zum Kochen und Essen. Tagtäglich kann sie ihre beiden Leidenschaften verbinden, da sie jeden Mittag für die ganze Familie kocht, die wichtigste Mahlzeit des Tages, und während der Abfüllzeit des Weines sogar die gesamte Belegschaft des Weingutes verköstigt – das sind immerhin zehn bis zwölf Personen. „Bei uns gibt es viel frisches Gemüse und keine Fertiggerichte, meistens essen wir warm. Wir sind einfach nicht so die Brotzeittypen."

Und neben ihrer Familie sind da noch die zahlreichen ausländischen Gäste des Weingutes. Darunter waren schon Mitglieder des marokkanischen Königshauses, Gaste aus dem Irak oder auch Japaner. „Da muss man schon überlegen, was man ihnen serviert. Die Japaner haben nicht aufgehört, Maultaschen zu essen, wer hätte das gedacht!" Aber bei einer solchen Herausforderung, täglich so viele Menschen zu bekochen, muss man gut organisiert sein, damit es nicht zu stressig wird. Christin versucht deshalb soviel wie möglich vorzubereiten, am „Maultaschentag" wird eine größere Menge auf Vorrat gemacht, sodass sie dann eine Zeit lang ausreichen. So kann sie mit möglichst wenig Arbeit einen großen Effekt erzielen und sich trotzdem aufmerksam ihren Gästen widmen. Ihre bevorzugte Gästeanzahl sind sechs Leute, „da kann man sich noch um alles kümmern, aber doch genügend Zeit für die Leute aufbringen". Am liebsten sind ihr humorvolle Gäste, die selbst Spaß am Essen und Trinken haben, zum Beispiel Köche, denn die „wissen es zu schätzen, bekocht zu werden und mögen besonders gute Hausmannskost". Die serviert sie dann im Sommer auf ihrer wunderschönen Terrasse mit Blick auf die Weinberge auch mal ganz rustikal auf einem abgesägten Weinfass als Tablett. Denn der Wein zieht sich wie ein roter Faden durch Christin Wöhrwags Leben, und wenn es nur der unumgängliche Schuss Wein als Krönung eines jeden Essens ist.

VORSPEISE

Quiche in jahreszeitlichen Variationen

Psssst …

Jede der vier Tartevariationen kann nach 10 Minuten Ruhezeit sofort gegessen werden, sie sind aber auch abgekühlt ein Genuss.

FÜR 1 QUICHEFORM (Ø 26 CM)

FÜR DEN TEIG

200 g Mehl

100 g weiche Butter + etwas zusätzlich zum Einfetten

1 Ei

1 TL Salz

Hülsenfrüchte zum Backen

1 Die Zutaten so lange kneten, bis ein glatter Teig entsteht (ggf. etwas Wasser dazugeben). Den Teig anschließend zu einer Kugel formen, in Frischhaltefolie wickeln und 30–60 Minuten kalt stellen.

2 Den Backofen auf 200 °C (Ober-/ Unterhitze, Umluft 180 °C) vorheizen und eine Quicheform einfetten. Den gekühlten Mürbteig auf einer bemehlten Fläche dünn ausrollen und die Form auch an den Rändern damit auskleiden.

3 Den Teigboden mehrmals mit einer Gabel einstechen und 20 Minuten blind vorbacken. Dazu erst eine Lage Backpapier auf den Teig geben und im Anschluss mit Hülsenfrüchten beschweren.

4 Je nach Saison den Belag der Quiche wie im Folgenden beschrieben variieren.

SOMMER-VARIANTE: TOMATEN-BASILIKUM-QUICHE

FÜR DEN GUSS

4 Eier

150 g saure Sahne

Salz

weißer Pfeffer

Muskatnuss

Piment d' Espelette

1 Portion Mürbteig

300 g Kirschtomaten

100 g Ziegenkäse

1 Bund Basilikum

Zucker

1 Für den Guss die Eier mit saurer Sahne verrühren und kräftig mit den Gewürzen abschmecken.

2 Den Mürbteig wie oben beschrieben verarbeiten und 15–20 Minuten vorbacken, bis er eine leichte Färbung hat. In der Zwischenzeit die Tomaten halbieren, den Ziegenkäse in kleine Würfel schneiden, Basilikum waschen und anschließend hacken.

3 Sobald der Boden fertig gebacken ist, aus dem Ofen nehmen und den Guss darübergießen. Mit den Tomaten belegen, diese mit etwas Zucker bestreuen und Basilikum darüber verteilen.

4 Schließlich die Ziegenkäsewürfel aufstreuen und weitere 30–35 Minuten im Ofen goldbraun fertig backen.

9/15
allegro
Tonnellerie ROUSSEAU
2009
WÖHRWAG
WEINGUT

FRÜHLINGS-VARIANTE: SPARGEL-RUCOLA-QUICHE

FÜR DEN GUSS

5 Eier

200 g Crème fraîche

50 g Parmesan, fein gerieben

Salz

weißer Pfeffer

Muskatnuss

200 g weißer Spargel

200 g grüner Spargel

Zucker

1 EL Butter

1 Portion Mürbteig

1 Bund Rucola

1 Den Spargel schälen und die Enden abschneiden. Wasser in einem Topf zum Kochen bringen und etwas Salz, Zucker und Butter zugeben. Die Spargelstangen darin kochen, bis sie weich sind (den weißen Spargel etwa 4 Minuten, den grünen Spargel etwa 2 Minuten). Die gekochten Spargelstangen sofort mit eiskaltem Wasser abschrecken, gut abtropfen lassen und auf Küchenkrepp legen.

2 Den Mürbteigboden wie auf Seite 152 beschrieben verarbeiten und vorbacken.

3 Währenddessen den Rucola waschen, zweimal durchschneiden und zum Abtropfen zur Seite stellen.

4 Für den Guss Eier, Crème fraîche und Parmesan gut verrühren. Mit Salz, weißem Pfeffer und etwas Muskatnuss würzen.

5 Sobald der Boden fertig gebacken ist, aus dem Ofen nehmen, den Spargel darauflegen und mit Rucola bestreuen. Mit dem Guss begießen und weitere 30–35 Minuten im Ofen goldbraun fertig backen.

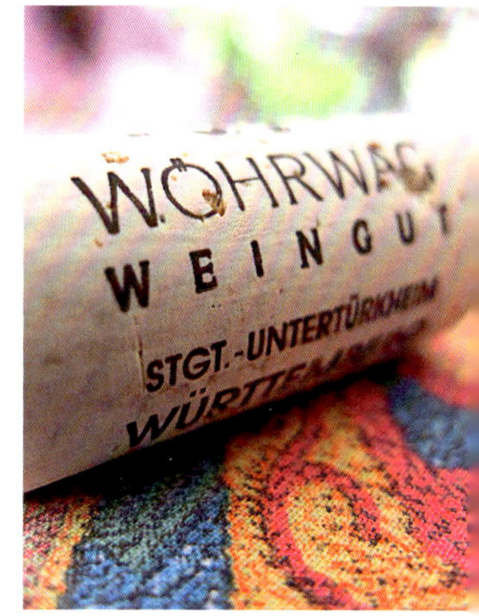

Pssst …

Oft gesagt, aber so wahr: Immer mit dem Wein kochen, den man auch trinkt.

HERBST-VARIANTE: WEINBERGPFIRSICH-GORGONZOLA-QUICHE

FÜR DEN GUSS

2 Eier

200 ml Milch

150 g Gorgonzola

Pfeffer

1 Bund Schnittlauch, fein geschnitten

1 Portion Mürbteig

5 Weinbergpfirsiche

2 EL Pinienkerne

1 Für den Guss Eier, Milch und Gorgonzola pürieren. Mit Pfeffer würzen, dann den Schnittlauch unter die Masse heben.

2 Den Mürbteig wie auf Seite 152 beschrieben verarbeiten und vorbacken. In der Zwischenzeit die Pfirsiche häuten (einritzen und kurz in sprudelndes Wasser geben, sodass sich die Haut löst), entsteinen und in Spalten schneiden.

3 Sobald der Boden fertig gebacken ist, aus dem Ofen nehmen, die Spalten darauf verteilen und mit dem Guss übergießen.

4 Zum Schluss die Pinienkerne aufstreuen und die Quiche weitere 30–35 Minuten im Ofen goldbraun fertig backen.

WINTER-VARIANTE: FEIGEN-ROQUEFORT-QUICHE

FÜR DEN GUSS

3 Eier

200 g saure Sahne

Salz

Pfeffer

1 Portion Mürbteig

10 Feigen

150 g Roquefort

50 g Walnüsse

1 Für den Guss Eier und saure Sahne verrühren, dann mit Salz und Pfeffer würzen.

2 Den Mürbteig wie auf Seite 152 beschrieben verarbeiten und vorbacken. In der Zwischenzeit die Feigen waschen, vierteln, den Roquefort in kleine Würfel schneiden und die Walnüsse grob hacken.

3 Sobald der Boden fertig gebacken ist, aus dem Ofen nehmen, mit Feigen belegen und den Roquefort darüber verteilen.

4 Mit dem Guss übergießen und die Walnüssen aufstreuen. Die Quiche anschließend weitere 30–35 Minuten im Ofen fertig backen.

HAUPTGANG

Alb-Lammkeule aus dem Ofen

Psssst …

Das Gemüse mit einer Brot- oder Wurstschneidemaschine sehr klein schneiden, so wird alles gleich groß und das Ratatouille schneller fertig.

FÜR 4 PERSONEN

mind. 1,5 kg Lammkeule, küchenfertig vorbereitet (mit Knochen)

Salz

Pfeffer

Olivenöl

Rosmarin

Thymian

1 Knolle junger Knoblauch

grobes Meersalz

250 ml Lammfond

200 ml Weißwein

1 Die Saftpfanne des Ofens mit Backpapier auslegen, die Lammkeule abwaschen und mit Küchenkrepp trocken tupfen. Kräftig mit Salz, Pfeffer und vor allem reichlich Olivenöl einreiben. Dann den Knochen mit Alufolie einwickeln, damit er nicht verbrennt.

2 Die Keule auf die Saftpfanne legen und diese im auf 180 °C vorgeheizten Backofen knapp 1 Stunde garen lassen.

3 In der Zwischenzeit reichlich frischen Rosmarin, Thymian und Knoblauch hacken. Diese Mischung mit grobem Meersalz würzen und etwas Olivenöl dazugeben.

4 Die fertig gegarte Lammkeule aus dem Ofen nehmen, mit 250 ml Wasser und Lammfond ablöschen und mit der Kräutermischung bedecken. Außerdem den Weißwein angießen.

5 Die Keule für weitere 30 Minuten in den Backofen geben. Anschließend aus dem Ofen nehmen und vor dem Aufschneiden mit Alufolie abdecken und mindestens 10 Minuten ruhen lassen.

BEILAGEN
SOMMERVARIANTE: RATATOUILLE AUS DEM OFEN

1 Aubergine

2 Zucchini

1 gelbe Paprika

1 rote Paprika

Olivenöl

4 große Tomaten

Salz

Pfeffer

Zucker

Basilikum

1 Aubergine, Zucchini und Paprika waschen, putzen und in sehr kleine Würfel schneiden. Die Würfel auf einem mit Backpapier belegten Backblech verteilen. Etwas Olivenöl darübergießen und das Blech bei 180 °C in den Ofen geben, bis Aubergine und Zucchini bissfest sind, dazu zwischendurch immer wieder probieren.

2 Währenddessen die Tomaten häuten (am Stielansatz einritzen und kurz in sprudelnd kochendes Wasser geben, sodass sich die Haut löst), die Kerne entfernen und das Fruchtfleisch in kleine Würfel schneiden und in eine große Schüssel geben.

3 Sobald das Gemüse aus dem Ofen fertig ist, mit den Tomaten vermengen und mit Salz, Pfeffer und Zucker abschmecken. Zum Schluss Basilikum nach Geschmack klein schneiden und unterrühren.

4 Die jeweilige Beilage mit je einem Stück Fleisch auf Tellern anrichten und etwas Bratensaft darüberträufeln.

FRÜHLINGS-VARIANTE: FRÜHJAHRSGEMÜSE AUS DER PFANNE

Sobald es die ersten zarten Frühjahrsgemüse gibt, nehme ich Mairübchen, ein paar junge Erbsen, grünen und weißen Spargel. Ich schäle das Gemüse und schneide es in mundgerechte Stücke. Die Erbsen pale ich aus ihren Schoten. Dann erhitze ich eine Pfanne und brate das Gemüse in etwas Olivenöl an. Mit etwas Salz und Zucker würzen und mit frischer Minze oder Basilikum bestreuen.

HERBST-VARIANTE: ARTISCHOCKEN

Im Herbst serviere ich gerne Artischocken – wenn möglich, die kleinen. Ich putze sie küchenfertig, d. h. die äußeren Blätter abschneiden, das Heu herauskratzen und die Oberseite abtrennen. Dann schneide ich sie in Viertel und beträufle sie mit Zitronensaft, damit sie nicht schwarz anlaufen. Die Artischockenviertel brate ich in einer Pfanne mit Olivenöl an und würze mit etwas grob geschnittenem Rosmarin sowie grobem Meersalz.

WINTER-VARIANTE: WURZELGEMÜSEPÜREE

Je nach Geschmack verwende ich zum Beispiel Karotten, Sellerie oder Petersilienwurzel. Ich schäle das Gemüse, brate es in etwas Butter an und lösche mit Gemüsebrühe ab. Dann lasse ich es weich kochen und püriere es zum Schluss mit etwas Sahne oder Crème fraîche. Ich würze das fertige Püree mit Zitronensaft, Muskatnuss, Salz und Pfeffer.

DESSERT

Sektsüppchen mit Sauerrahm-Eis und Früchten der Saison

Psssst …

Das Sauerrahm-Eis kann bereits mehrere Tage im Voraus vorbereitet werden.

Das Sektsüppchen am besten am Vorabend oder am Morgen der Einladung vorbereiten. Die saisonal passenden Früchte lassen sich sehr schnell à la minute zurechtschneiden.

ERGIBT ½ LITER EIS
(FÜR ETWA 5 PERSONEN)

FÜR DAS SAUERRAHM-EIS (OHNE EI)

1 unbehandelte Zitrone

500 g Sauerrahm

50 ml Sahne

2 EL Crème fraîche

150 g Zucker

Vanillemark

1 Die Schale der Zitrone abreiben und beiseitestellen, den Saft auspressen und zusammen mit den restlichen Zutaten in einen Topf geben. Unter ständigem Rühren so lange erhitzen, bis sich der Zucker vollständig aufgelöst hat.

2 Durch ein Sieb in ein Gefäß streichen und im Kühlschrank erkalten lassen. Die abgekühlte Masse nochmals durchrühren und so lange in die Eismaschine geben, bis sie vollständig gefroren und cremig ist. Entweder sofort servieren oder bis zum Servieren ins Gefrierfach stellen.

3 Nimmt man das Eis aus dem Gefrierfach, vor dem Servieren für kurze Zeit im Kühlschrank antauen lassen, damit es wieder cremig wird.

FÜR DAS SEKTSÜPPCHEN

1 Blatt Gelantine

100 ml Pfirsichsaft

150 ml Sekt

1 Limette

1 Die Gelatine in etwas kaltem Wasser einweichen. Den Pfirsichsaft in einem Topf erhitzen, die Gelatine ausdrücken und darin auflösen.

2 Den Sud leicht abkühlen lassen und anschließend den Sekt unterrühren. Mit einigen Spritzern Limettensaft abschmecken und bis zum Servieren kühl stellen.

SOMMER-VARIANTE: MIT FRISCHEN BEEREN UND MINZE

250 g frische Beeren (z. B. Erdbeeren, Himbeeren, Brombeeren, Heidelbeeren, Johannisbeeren etc.)

3 EL Zucker

5 Spritzer Limoncello

frische Minzblätter, gehackt

1 Die Früchte waschen und, wenn nötig, klein schneiden.

2 Mit Zucker, Limoncello und Minze marinieren. Mindestens 10 Minuten stehen lassen, damit die Beeren etwas Saft ziehen.

3 Die Beerenmischung in Dessertschalen geben, dabei mittig etwas Platz lassen und eine Kugel Eis in die Mulde setzen. Anschließend vorsichtig mit dem Süppchen aufgießen. Damit es leicht schäumt, einen Schuss Sekt angießen.

FRÜHLINGS-VARIANTE: MIT GEBRATENEM RHABARBER UND FRISCHEN ERDBEEREN

200 g Rhabarber

20 g Zucker

Mark von 1 Vanilleschote

2 Spritzer Cointreau

100 g Erdbeeren

1 Den Backofen auf 200 °C vorheizen. Rhabarber waschen, die trockenen Enden abschneiden und in mundgerechte Stücke schneiden. In eine flache ofenfeste Form geben, dann Zucker, Vanillemark und Cointreau unterrühren.

2 Etwa 20 Minuten im Ofen garen lassen und währenddessen die Erdbeeren vierteln. Den Rhabarber aus dem Ofen nehmen und gut abkühlen lassen.

3 Wie auf Seite 158 beschrieben anrichten.

HERBST-VARIANTE: MIT KARAMELLISIERTEN PFIRSICHEN UND VERVEINE

3 Pfirsiche

45 g Zucker

75 ml Weißwein

frische Verveineblätter, gehackt

1 Die Pfirsiche häuten (einritzen und kurz in sprudelnd kochendes Wasser geben, sodass sich die Haut löst), entsteinen und in Viertel schneiden, dann zur Seite stellen.

2 Den Zucker in einer Pfanne karamellisieren und mit Weißwein ablöschen. Die Pfirsiche hineinlegen und etwa 5 Minuten ziehen lassen.

3 Verveine dazugeben und abkühlen lassen.

4 Wie auf Seite 158 beschrieben anrichten.

WINTER-VARIANTE: MIT ZIMT-QUITTEN

2 Quitten

200 g Zucker

Saft von 1 Zitrone

2 Stangen Zimt

2 Sternanis

1 Einen Topf mit 750 ml Wasser auf den Herd stellen. Die Quitten schälen, vom Kerngehäuse befreien und das Fruchtfleisch vierteln. Die Quittenviertel zusammen mit den restlichen Zutaten 20–40 Minuten kochen, bis sie weich sind.

2 Dann die aromatisierten Quitten aus dem Wasser nehmen, würfeln und abkühlen lassen.

3 Wie auf Seite 158 beschrieben anrichten.

Psssst ...

Die Zubereitung dieses Eises funktioniert auch ohne Eismaschine. Dazu die Eismasse einfach in eine flache Schale füllen, ins Gefrierfach geben und während des Gefrierprozesses mehrfach herausholen und mit einer Gabel umrühren, sodass es nicht zu einem festen Block gefriert und seine Cremigkeit behält.

ESCAPES
Living in Mexico

Rehrücken ganz entspannt

DESIRÉE STADLER, BIKRAM-YOGASTUDIO-INHABERIN

VIELE KLEINE GERICHTE, unkompliziert zum Probieren, dazu Pflaumenwein oder Reisschnaps – das Ganze auf Plastikhockern sitzend, serviert von einer immerzu lächelnden, vietnamesischen Straßenköchin. Das war ein Essen, das Desirée Stadler stark in Erinnerung geblieben ist. Genossen hat sie es 2008 auf einer dreimonatigen Motorradtour, mit ihrem Mann quer durch Vietnam. Aufgewachsen ist die gebürtige Badnerin allerdings mit einer ganz anderen Küche. Auf Schloss Langenstein in der Nähe des Bodensees war ihr Lieblingsraum die Schlossküche mit den hohen Gewölbedecken und einem großen Holztisch für zwölf Personen. „Dort war immer etwas los", erinnert sich Desirée. Darin kochte eine gemütliche Köchin in großen Töpfen, die dampften und klapperten, die Haushaltshilfen tranken ihren Kaffee zwischendurch und jeder kam gerne auf ein Schwätzchen vorbei. Es gehörte auch schon immer zur Tradition, dass alle Familienmitglieder Jäger sind. Jedes Tier, das man erlegt hat, sollte man auch selbst vor- und zubereiten können, lautet die Maxime in ihrer Familie. Daher auch die Idee zu ihrem klassischen, aber gleichzeitig unkomplizierten „Wildmenü". Das Rezept zur Vorspeise stammt aus einem Kochbuch, das sie von ihrer Tante Schuppi geschenkt bekommen hat, die Idee zum Hauptgang von ihrer Mama.

Auf ebendiesem Heimatschloss wurde bei einem Yogawochenende mit Freunden auch der Grundstein für ihren heutigen Beruf gelegt. Der dortige Yogalehrer schlug ihr nämlich direkt am zweiten Tag vor, doch selbst eine Ausbildung zur Yogalehrerin zu machen. Damals studierte sie zwar noch Modedesign und hatte gerade den Flug nach Indien zu einem Praktikum gebucht, aber die Idee ließ sie nicht mehr los. Wenige Monate später wusste sie, dass die Modebranche so ganz und gar nicht ihre Welt war und entschied sich für die Ausbildung zur Bikram-Yogalehrerin. 2007 schloss sie diese erfolgreich ab, ging auf Reisen und zog wenig später mit ihren Mann Georg nach München. 2011, kurz nach der Geburt ihres zweiten Kindes, eröffnete sie ihr Studio in München-Schwabing. „Das war damals die beste Entscheidung, ich habe sie nie bereut", sagt sie.

Neben ihrer Arbeit findet sie aber auch jeden Tag Zeit, um für alle zu kochen. Dabei legt sie viel Wert auf eine gesunde Ernährung; allzu „zwanghaft und dogmatisch" sollte es aber auf keinen Fall zugehen. Sie lässt sich am liebsten von saisonalen Produkten und Kräutern inspirieren oder probiert gerne etwas Neues nach einem Rezept aus. Bei Dinnerpartys sind ihr eine entspannte Stimmung der Gäste und Gastgeber am wichtigsten. Am liebsten ist es ihr, wenn dann alle länger bleiben als geplant, niemand mehr die Weinflaschen zählt und der letzte Rest Trüffelkäse nach Kaffee, Dessert und Schokolade zu später Stunde noch vom Teller gekratzt wird. „Auch das ist Yoga", sagt sie verschmitzt. Bewusstes Genießen und Freude leben, schließlich geht es um die Balance, ob im Yoga oder im Alltag.

VORSPEISE

Forellenmousse à la Schuppi

Psssst …

Für dieses Rezept kann man sehr gut auch anderen geräucherten Fisch verwenden, wie zum Beispiel Lachs.

FÜR 6 PERSONEN

FÜR DIE CREME

250 g geräuchertes Forellenfilet

75 g Crème fraîche

1 EL stichfester Joghurt

½ Pckg. gemischte Kräuter (TK-Ware, etwa 50 g)

frischer Dill

Saft von ½ Zitrone

3 Handvoll Feldsalat und Chicoréeblätter

Kerne von 1 Granatapfel

FÜR DAS DRESSING

Olivenöl

Balsamicoessig

Zitronensaft

Salz

Pfeffer

1 Forellenfilet, Crème fraîche, Joghurt, Kräuter und Zitronensaft mithilfe eines Mixstabes glatt rühren, die Masse sollte noch stichfest sein.

2 Feldsalat und Chicoréeblätter waschen und auf Tellern anrichten. Die Zutaten für das Dressing nach Geschmack miteinander vermengen.

3 Eine Nocke der Mousse neben den Salat auf jeden Teller setzen und das Dressing über beides träufeln.

4 Mit Granatapfelkernen garnieren und servieren.

HAUPTGANG

Rehrücken mit Rotkraut und Kartoffelstampf

FÜR 6 PERSONEN

200 – 250 g Rehrücken mit Knochen, pariert

Salz

Pfeffer

Butter

Pflanzenöl

2 Scheiben Bauchspeck (1 cm dick)

2 Zwiebeln, in Stücke geschnitten

3 Karotten, in Stücke geschnitten

350 ml Rotwein

200 ml Wasser

1 TL Gemüsebrühepulver

Johannisbeergelee

FÜR DAS ROTKRAUT

800 g Rotkraut

4 EL Schweineschmalz

Nelken

1 Schuss Rotwein

FÜR DEN KARTOFFELSTAMPF

2 kg mehligkochende Kartoffeln

250 ml Milch

100 g Butter

frisch gemahlene Muskatnuss

Salz

ZUR FERTIGSTELLUNG

Birnenhälften (aus der Dose)

Johannisbeergelee

1 Den Rehrücken zunächst noch nicht auslösen, der Knochen wird erst zum Schluss entfernt. Sehnen und Knochen mit in den Bräter geben. Den Rücken beidseitig mit Salz und Pfeffer würzen. Etwas Butter und Öl in eine Pfanne geben und das Fleisch ebenfalls von beiden Seiten anbraten. Achtung: Nicht zu heiß werden lassen, damit die Butter nicht braun wird.

2 Bauchspeckscheiben, Zwiebeln und Karotten dazugeben und ebenfalls kurz anbraten und mit dem Fleisch in einen Bräter geben. Mit Rotwein ablöschen.

3 Den Bräter bei 160 °C in den Ofen geben. Wasser und Gemüsebrühepulver mischen und das Reh im Ofen immer wieder damit übergießen.

4 Anschließend die Rehsauce absieben, das Gelee nach Geschmack unterrühren. Die Sauce weiterköcheln und reduzieren lassen.

5 Zum Schluss das Fleisch von den Knochen lösen und in Scheiben schneiden.

6 Das Rotkraut in Schweineschmalz andünsten. Nelken nach Geschmack und einen guten Schuss Rotwein dazugeben, alles kurz köcheln lassen, bis das Rotkraut weich, aber noch leicht knackig ist.

7 Für den Kartoffelstampf die Kartoffeln weich kochen und die Milch erhitzen. Anschließend die warme Milch mit Butter und Kartoffeln mischen und zu einer glatten Masse stampfen. Mit Muskatnuss und Salz abschmecken.

8 Die Birnenhälften mit dem Johannisbeergelee füllen.

9 Fleischscheiben mit Rotkraut, Kartoffelstampf und Birnenhälften auf Servierplatten anrichten. Die Sauce separat dazu reichen.

Pssst …

Wenn das Rotkraut gleichmäßig mit dem Schmalz überzogen ist und glänzt, ist das Fett ausreichend.

DESSERT

Eis in Espresso

Psssst …

Das Auge isst mit: Erst die Karamellfächer machen das Dessert besonders.

FÜR 6 PERSONEN

Zucker

1 Kugel Eis pro Person (Sorte nach Wahl, am besten hochwertiges Vanilleeis)

etwa 300 ml Espresso, frisch gebrüht

1 Etwas Zucker in einer Pfanne erhitzen, karamellisieren lassen und warten, bis dieser Fäden zieht. Dann auf Backpapier zu kleinen „Fächern" ausstreichen und abkühlen lassen. Nach Bedarf in Stücke brechen.

2 Je eine Kugel Eis in Servierschälchen geben und erst kurz vor dem Servieren etwas heißen Espresso einfüllen. Mit den erhärteten Karamellfächern dekorieren.

OBEN UND UNTEN Dunkles Holz, kräftige Farben und einzigartige Accessoires kreieren eine Wohlfühlatmosphäre.

Hauptsache bunt: Die vielen Farben wirken dennoch harmonisch und nicht überladen.

Ein Hauch von Brasilien

URSULA SOLTMANN, INNENARCHITEKTIN UND INHABERIN VON MAGELLAN

„**ICH BIN BESSER** in der Pfanne als im Rohr." Dieser Satz mag auf den ersten Blick etwas verwirren, betrachtet man aber Ursula Soltmanns Hauptgang, eine scharfe Reispfanne mit kurzgebratenem Rinderfilet, inspiriert von der brasilianischen Küche, weiß man, wovon sie spricht. Meist entscheidet sie sich beim Kochen für Gerichte aus der Pfanne, da sie, laut eigener Aussage, immer unter Zeitdruck steht. Bei der Arbeit als Innenarchitektin für ihre Firma „Magellan" und den zwei Hunden, unzähligen zugelaufenen Katzen und acht Pferden ist das auch kein Wunder. Geboren und aufgewachsen in München führte sie 18 Jahre lang auch ein Ladengeschäft der Firma, gab es aber schließlich auf, um sich ganz auf die Beratungstätigkeit konzentrieren zu können. Nebenher renovierte sie peu à peu auch noch das Haus, in dem sie heute lebt – es hatte, als sie es vor 40 Jahren kaufte, „nur ein Plumpsklo". Aber da sie sich als Kind schon für Architektur interessierte und Grundrisse aus ihren Büchern baute, stellte sie sich dieser Herausforderung mit großem Spaß. „Ich hatte schon immer ein Gefühl für Formen, Proportionen, Stoffe und Materialien", erzählt sie.

Dieses Faible schlägt sich auch in ihrer Art, den Tisch zu dekorieren nieder: Mit ihrer Sammlung an schönem Porzellan und Besteck und den vielen Nymphenburg-Figuren schafft sie gerne eine besonders festliche Stimmung auf ihrer Dinnertafel. Kerzen, frische Blumen und musikalische Untermalung mit einem Klavierkonzert von Mozart tun ihr Übriges dazu. Aber was serviert Ursula am liebsten auf dem hübschen Geschirr? „Frische Produkte mit verschiedenen Kräutern aus dem Garten", gerne in Form von italienischen Gerichten, „da sie leicht sind und immer gut schmecken". Ganz und gar nicht leicht dagegen sind ihre geliebten Mehlspeisen; als einzige kulinarische Erinnerung ihrer Kindheit kommen ihr Dampfnudeln in den Sinn. Früher hatte sie einen großen Gemüsegarten, aber da viele Sorten gleichzeitig reif für die Ernte sind, konnte sie nicht alles verwerten und konzentriert sich heute auf das Anpflanzen ihres eigenen Salates. Eine ganz besondere Begleitung ihrer Dinner ist meist der selbst gekelterte Wein vom eigenen Hang und ein Obstbrand aus ihrem Garten. Die halbe Miete für einen gelungenen Abend ist Ursulas Meinung nach aber ein „natürlicher und gelassener Gastgeber", und wenn er als Koch dann auch noch das richtige Gefühl für Produkte und Timing hat, kann der Abend fast nicht mehr schiefgehen.

VORSPEISE

Avocado-Salat

Psssst ...

Der Mozzarella ist vielseitig: Nicht nur Avocado, sondern auch Rote Bete oder Honigmelone lassen sich gut dazu kombinieren.

FÜR 6 PERSONEN

3 Avocados
(man rechnet ½ Avocado pro Person)

3 Mozzarella
(man rechnet ½ Mozzarella pro Person)

3 Kirschtomaten, halbiert

FÜR DAS DRESSING

Balsamicoessig

Zitronensaft

Salz

Pfeffer

1 Die Avocados schälen, halbieren und entsteinen. Die Hälften in Spalten schneiden und den Mozzarella in Scheiben schneiden.

2 Immer abwechselnd eine Spalte Avocado und eine Scheibe Mozzarella auf jedem Teller anrichten.

3 Alle Zutaten für das Dressing nach Geschmack vermischen und über die Teller träufeln. Jeweils mit zwei Tomatenhälften an den Enden dekorieren.

HAUPTGANG

Filet picante

FÜR 6 PERSONEN

½ Rinderfilet (etwa 700 g)

2 – 3 große Knoblauchzehen

Salz

Pfeffer

Mehl

Butter

Olivenöl

FÜR DIE SAUCE

2 kleine Zwiebeln

Butter

Pflanzenöl

1 ½ grüne Paprika, in Würfel geschnitten

2 – 3 Tomaten, gehäutet und in Würfel geschnitten

1 getrocknete Chilischote

grüne Peperoni,
4 – 5 Tage in Olivenöl eingelegt

Reis (man rechnet 60 – 65 g pro Person)

1 Das Fleisch in Würfel von 1 x 1 cm schneiden. Den Knoblauch schälen und ebenfalls klein würfeln. Das Fleisch mit Salz und Pfeffer würzen und mit Mehl bestäuben.

2 Für die Sauce die Zwiebeln schälen, hacken und in etwas Butter und Öl andünsten, dann den Knoblauch dazugeben. Sobald die Zwiebeln glasig sind, Paprikawürfel zugeben, anschließend die Tomaten. Die Chilischoten dazugeben und alles 5 – 8 Minuten andünsten. Köcheln lassen, bis die Tomaten sämig werden.

3 Die grünen Peperoni in kleine Ringe schneiden (so kann man die Schärfe besser dosieren) und nach Geschmack unterrühren.

4 Butter und Olivenöl in eine Pfanne geben und die Fleischwürfel von allen Seiten sehr heiß anbraten.

5 In der Zwischenzeit den Reis nach Packungsangabe zubereiten. Gemüse und Fleisch miteinander vermischen.

6 Etwas Reis auf jeden Teller geben und die Fleischpfanne separat in einer großen Schüssel anrichten oder etwas davon auf den Reis geben.

Psssst …

Das Geheimnis dieses schnellen Rezepts ist das sehr klein geschnittene Fleisch.

DESSERT

Mousse au chocolat

FÜR 6 PERSONEN

200 g dunkle Kuvertüre (etwa 50 % Kakaogehalt)

8 Eier

100 g Zucker

Sahne, geschlagen

1 Die Kuvertüre über einem Wasserbad erhitzen und die Eier trennen.

2 Zucker und Eigelb cremig schlagen, dann die flüssige Kuvertüre unterrühren.

3 Eiweiß steif schlagen und sobald die Schokoladenmasse leicht erkaltet ist, den Eischnee unterheben.

4 Die Mousse in Schälchen füllen und mit einem Klecks geschlagener Sahne dekorieren.

Psssst …

Nicht zu dunkle Schokolade verwenden, sonst wird die Masse fest oder klumpig.

LINKS Warmes Holz und diverse Lampen schaffen Atmosphäre.
UNTEN LINKS Eine Wand voller Bücher lädt zum Verweilen ein.
UNTEN RECHTS Im Esszimmer wirken die grifflosen Türen im Hintergrund wie eine Wand und helfen beim Verstauen von Geschirr und Tischaccessoires.

Das Gewölbe mit den Säulen wirkt durch die einladenden Sessel sehr gemütlich.

WASSER

Kindheits-erinnerungen

VALERIE WIZEMANN, AUTORIN DIESES BUCHS

KOCHEN WAR SCHON IMMER meine Komfortzone – denn ich bin zum einen ein ziemlicher Genießer und zum anderen habe ich eine große Leidenschaft für köstliches Essen. Ganz traditionell in einer paradisischen bayrischen Gegend aufgewachsen, mussten meine Geschwister und ich schon früh in der Küche helfen. Zuerst in Form von niederen Diensten wie dem Waschen, Schälen und Schneiden. Da musste ich mir eine Nische suchen, in der ich mich entfalten konnte, und das war das Feld der Desserts und Süßspeisen, das interessierte meine Mutter nicht so wirklich. Obwohl mich die Gastronomie immer sehr fasziniert hat, habe ich zuerst eine Lehre im Betrieb meiner Eltern gemachte und dann in München BWL studiert. Heute arbeite ich in einer Agentur, die sich um Kunden im Gastronomie- und Food-Bereich kümmert und habe so wieder die von mir geliebte Verbindung zum Thema „Essen und Trinken".
Wenn ich nicht gerade für meinen Mann und meine vier Kinder koche, lade ich gerne Freunde zu mir nach Hause ein. Es dürfen sowohl nur eine Handvoll Freunde sein, wie aber auch eine große Anzahl an Personen, denn schon in meinem Elternhaus bewältigte man locker eine Abendgesellschaft mit 40 Gästen. So viel ich beim Kochen auch von zu Hause übernommen habe, entwickelte ich doch meinen ganz eigenen Stil: mit wenig Fleisch, viel frischem Gemüse und besonders gerne italienisch und asiatisch. Auf die Frage, ob ich mir viele Gedanken um das Essen mache, antworte ich gerne mit Ja und Nein, denn wenn man sich meiner Meinung nach ein bisschen mit Ernährung befasst, weiß man automatisch, was gut ist und was nicht. Den Grundsatz „regional vor bio" beherzige ich bei jedem meiner Gerichte. Am wichtigsten von allem ist mir aber, dass sich nicht nur die Familie, sondern auch Freunde bei einem gemeinsamen Abendessen von der Hektik des Alltags erholen können. Damit ich mich ganz meinen Gästen widmen kann, versuche ich mich immer optimal vorzubereiten. Im Kopf gehe ich schon Tage vorher den Ablauf durch und weiß dann ganz automatisch, ob ich in der Zeit bin oder ob es doch hektisch wird – wobei das ja irgendwie dazugehört. Als Dekoration brauche ich in meinem Bauernhaus nicht viel, damit sich alle wohlfühlen – der Blick in den Obstgarten reicht oft schon. Ansonsten genügt ein Strauß frischer Blumen auf dem Tisch. Letztendlich hat jeder Abend seine eigene Atmosphäre und das ist auch gut so.

Psssst ...

Beim Kochen immer Butter und Zitrone griffbereit haben. Findet bei fast jedem Rezept gute Verwendung.

VORSPEISE

Karotten-Ingwer-Suppe mit marinierten Scampi

FÜR 6 PERSONEN

FÜR DIE SUPPE

1 Bund Frühlingszwiebeln

Pflanzenöl

Butter

7 Karotten

3 Kartoffeln

1 Stück Ingwer (4 cm)

1 TL Garam Masala

Salz

Pfeffer

250 ml Kokosmilch

FÜR DIE SCAMPI

18 rohe Garnelen, geschält und geputzt

2 Knoblauchzehen, gehackt

1 Stück Ingwer (2 cm), gehackt

2 EL Koriander, gehackt
+ etwas zusätzlich zum Garnieren

½ EL scharfe chinesische Chilisauce

1 EL helle Sojasauce

1 EL Honig

3 EL Zitronensaft

Pflanzenöl

Chiliflocken

1 Für die Suppe die Frühlingszwiebeln waschen, klein schneiden und in etwas Öl und Butter in einer Pfanne glasig andünsten. Dann Karotten, Kartoffeln und Ingwer schälen, ebenfalls klein schneiden und dazugeben. Leicht andünsten lassen und mit Garam Masala, Salz sowie Pfeffer würzen. Die Kokosmilch und 1,5 l Wasser angießen. Etwa 20 Minuten köcheln lassen und anschließend mithilfe eines Mixstabes pürieren.

2 Für die Scampi zunächst die Garnelen waschen und trocken tupfen. In einer Schüssel Knoblauch, Ingwer, Koriander, Chili- und Sojasauce, Honig sowie Zitronensaft mischen. Die Garnelen zugeben und gründlich in der Marinade wenden. Abdecken und 1 Stunde in den Kühlschrank stellen. Anschließend aus der Marinade nehmen, in etwas Pflanzenöl von beiden Seiten anbraten und je drei Garnelen auf Holzspieße stecken.

3 Zum Servieren die Suppe in tiefe Teller füllen und je einen Spieß quer über die Teller legen. Alles mit Koriander und Chiliflocken garnieren.

HAUPTGANG

Stubenküken mit warmer Avocado, Tomaten und Pommes frites

FÜR 6 PERSONEN

3 Stubenküken, küchenfertig
(man rechnet ½ Stübenküken pro Person, je nach Esser auch ein ganzes)

Pflanzenöl

3 Avocados

Kalbsjus
(selbst gemacht oder fertig gekauft)

6 Tomaten

Salz

Pfeffer

Zucker

150 g Kartoffeln, in Würfel geschnitten

150 g Karotten, in Würfel geschnitten

6 Kartoffeln

neutrales Frittierfett

1 Die Stubenküken halbieren, dann Haxen und Flügel abtrennen. Den Ofen auf 160 °C vorheizen und das Fleisch von allen Seiten knusprig in Öl anbraten. Dann für etwa 20 Minuten im Backofen fertig garen.

2 Die Avocados halbieren, schälen und in gleichmäßige schräge Stücke schneiden. Bei diesem Gericht spielt die Optik eine wichtige Rolle. Die Scheiben in eine Pfanne mit der Kalbjus geben und ganz leicht andünsten. Die Tomaten kurz in heißem Wasser blanchieren, häuten, halbieren und das Innere mithilfe eines Teelöffels entfernen, dann beides zur Seite stellen. Das Fruchtfleisch in feine Streifen schneiden und in einer Pfanne, ebenfalls mit etwas Kalbsjus, ganz leicht andünsten. Mit Salz, Pfeffer und etwas Zucker würzen. Die Haut und das Innere zusammen mit Kartoffel- und Karottenwürfeln in einem Topf mit etwas Öl einköcheln lassen. Dann durch ein Sieb streichen und als Sauce verwenden.

3 Die ganzen Kartoffeln in Form von Pommes frites schneiden oder hobeln, möglichst fein und dünn. In einer Pfanne in Öl oder Fett, alternativ in der Fritteuse braten oder frittieren, bis sie goldgelb sind. Auf Küchenpapier abtropfen lassen und salzen. Das ist der zeitaufwendigste Teil des Gerichts, der à la minute gemacht werden sollte, da die Pommes sonst lasch werden.

4 Alle Bestandteile miteinander auf Tellern anrichten und mit der Sauce garnieren. Das Gericht ist sehr zu empfehlen bei einem Dinner mit Kindern. Die Eltern bekommen die Brüste und die Kinder essen Haxen und Flügel.

Psssst …

Die Optik spielt eine wichtige Rolle: Deshalb die Beilagen gleichmäßig schneiden.

Die Pommes lassen sich auch gut als Chips zubereiten.

DESSERT

Apfeltarte

FÜR 6 PERSONEN

200 g Mehl

100 g Butter

50 g Zucker

1 Ei

4 Äpfel (Boskop)

Saft von 2 Zitronen

2 – 3 EL Quittengelee

Zucker

500 g Karamelleis
oder 200 g Crème fraîche

1 Mehl und Zucker in einer Schüssel vermengen, Butter in Stücken dazugeben. Eine kleine Mulde bilden und das Ei hineingeben. Die Zutaten nun mit den Händen zu einer homogenen Teigkugel formen und in Alu- oder Klarsichtfolie mindestens 30 Minuten im Kühlschrank aufbewahren.

2 Den Teig auf einem Blech auslegen und die Ränder leicht nach innen klappen. Dann die Äpfel schälen, in Scheiben schneiden und in etwas Zitronensaft einlegen. Leicht überlappend auf den Teig legen, es sollte kein Teig mehr zu sehen sein. Anschließend mit Zucker bestäuben.

3 Solange in den bei 200 °C vorgeheizten Ofen geben, bis die Ränder goldbraun geworden sind. In der Zwischenzeit das Quittengelee mit dem restlichen Zitronensaft erwärmen und auf der fertig gebackenen Tarte verteilen.

4 Abkühlen lassen und in Stücke schneiden. Alternativ noch lauwarm servieren. Mit einer Nocke Karamelleis oder Crème fraîche als Beilage anrichten.

Psst ...

Wenn es schnell gehen soll: Statt dem Mürbteig eine Rolle fertigen Blätterteig verwenden und vor dem Belegen mit etwas weicher Butter bestreichen.

GANZ LINKS Hier hat alles eine Geschichte: Die Eulen-Lampe ist ein Geburtstagsgeschenk von Freunden.
LINKS Landhausstil muss nicht schwer wirken, wenn das Holz gezielt eingesetzt wird.
UNTEN Die natürliche Farbpalette wirkt entspannend.

Lieblingsmusik

KATHLEEN BERINGER: Cesária Évora; Dalida

DORNA HEKMAT: Chet Baker; Soundtrack zu „In the Mood for Love“

MINMIN PENG: Cake; „Hello Mademoiselle“ von Stéphane Pompougnac

ISABEL MAY: „Little French Songs“ von Carla Bruni; „Dalla pace del mare lontano” von Sergio Cammariere; „Songs I've Always Loved“ von Frank Chastenier; eine CD vom Restaurant Sevva, Hong Kong

BEATE DIOP: „The Best of Lounge Music“

SANDRA LIERMANN: Jane Birkin; Françoise Hardy

RENATE SCHREMS: „Getz/Gilberto“ von Stan Getz und João Gilberto

FLORENTINE JOOP: Klassik; Rock'n'Roll wie Johnny Cash

ENIE VAN DE MEIKLOKJES: keine Musik zum Essen

CORNELIA POLETTO: keine Musik zum Essen

JULIANE BANSE: Jazz wie Louis Armstrong

LAURA SEEBACHER: Motown wie The Supremes; Max Richter; Swing wie The Andrew Sisters

ISABELLE ZU HOHENLOHE: keine Musik zum Essen

ANN-CHRISTINE WOEHRL: Miles Davis

CAMILLA FISCHBACHER: Buddha Bar Lounge Mix zum Essen und orientalische Musik danach

LESLIE VON WANGENHEIM: keine Musik zum Essen

AYSEN BITZER-BOURAK: Chaos In Cairo; „Trilogy“ von Living Theater

CHRISTIN WÖHRWAG: Hausmusik (ihre Kinder spielen Bass und Gitarre und singen dazu)

DESIRÉE STADLER: Daughter

URSULA SOLTMANN: Klavierkonzerte von Mozart

VALERIE WIZEMANN: Bruce Springsteen zum Kochen und Sade Live zum Essen

Lieblingsweine

KATHLEEN BERINGER:
Rot: Domaine de la Grange des Pères 2010
Weiß: Mas de Daumas Gassac Blanc 2012

DORNA HEKMAT:
Rot: Penfolds Thomas Hyland Shiraz 2010
Weiß: Reinhartshausen Riesling 2013

MINMIN PENG:
Rot: Salentein Cabernet Sauvignon 2011
Weiß: Riesling Kremstal Nigl

ISABEL MAY:
Rot: Schiefer Blaufränkisch „Szapary"
Weiß: Leitz Rüdesheimer Berg Rottland „Alte Reben" Riesling trocken

BEATE DIOP:
Rot: Los Vascos Domaines Baron de Rothschild
Weiß: Sileni Cellar Selection Sauvignon Blanc

SANDRA LIERMANN:
Rot: Knipser Spätburgunder
Weiß: Van Volxem Scharzhofberger Riesling

RENATE SCHREMS:
Rot: San Colombano DOC, Riserva, Podere Costa Regina 2003

FLORENTINE JOOP:
Rot: Tasca d'Almerita Regaleali Rosso
Weiß: Knipser Laumersheimer Kapellenberg Riesling Kabinett 2012

ENIE VAN DE MEIKLOKJES:
... ist keine Weintrinkerin

CORNELIA POLETTO:
Weiß: Schlossgut Diel „Diel de Diel" Weißes Cuvée trocken 2013

JULIANE BANSE:
Rot: La Vialla Casa Conforto Chianti Riserva 2009
Weiß: La Vialla Torbolino 2011

LAURA SEEBACHER:
Rot: Glenelly The Glass Collection Shiraz 2010

ISABELLE ZU HOHENLOHE:
Rot: Nipozzano Riserva Chianti Rufina
Weiß: Lugana I Frati (Ca dei Frati)

ANN-CHRISTINE WOEHRL:
Rot: Escorihuela 1884 Reservado Malbec 2012

CAMILLA FISCHBACHER:
Rot: Shiraz

LESLIE VON WANGENHEIM:
Weiß: Xurus Sauvignon Blanc 2011

AYSEN BITZER-BOURAK:
Rot: Antinori Tignanello
Weiß: Torres Vina Esmeralda

CHRISTIN WÖHRWAG:
Rot: Wöhrwag Große Reserve Philipp 2012
Weiß: Wöhrwag Riesling Auslese 2013

DESIRÉE STADLER:
Rot: La Devinière Gamay Satigny 2011

URSULA SOLTMANN:
Rot: Umathum Zweigelt
Weiß: Weinbaudomäne Oppenheim Sauvignon Blanc

VALERIE WIZEMANN:
Rosé: Miraval Rose AC Cotes de Provence by Jolie Pitt & Perrin 2012
Weiß: Ott Grüner Veltliner Fass 4 2012
Champagner: Champagne Mailly Grand Cru Brut Reserve

KATHLEEN BERINGER ist in Montpellier, Südfrankreich, aufgewachsen, wo sie sich zur Juristin ausbilden ließ. In New York hat sie Interior Design an der Parsons School of Design studiert und im Anschluss als Designerin gearbeitet. Seit 2001 lebt sie mit ihrer Familie in München-Schwabing. Kochen ist ihre große Leidenschaft: Die Kommunikation und Geselligkeit, die sich um ein schönes Essen entwickeln, möchte sie nicht missen. Aber eigentlich ist ihr Ziel, einfach ihre zwei Söhne, die härtesten Kritiker und kleinen „fines bouches", zufriedenzustellen.

VALERIE WIZEMANN ist ein bayrisches Urgestein, dem Familienleben und Tradition über alles gehen. Im oberbayrischen Voralpenland wird man verwöhnt mit allerlei Selbstgemachtem, freitags kommen nur Fisch oder Mehlspeisen auf den Tisch. Gelernt hat Valerie Betriebswirtschaft in München, der Küche und dem Gastgeben aber gehört ihre Leidenschaft. Sollte mal kein Gast zur Hand sein, erfreuen sich ihr Mann und ihre vier Kinder an ihren Kochkünsten. Wer denkt, dass hier nur Weißwurst und Dampfnudeln auf den Tisch kommen, liegt falsch. Es wird international gekocht, wie schon der für Bayern untypische Name erahnen lässt. Denn geht es nach Valerie, kann man Tradition und Heimat nur lieben, wenn man alles andere ausprobiert, um immer wieder zu seinen Wurzeln zurückzukehren.

Register

Danksagung

Ohne die Frauen in unserem Buch wären all die schönen Geschichten, Impressionen, Gerichte und Fotos nicht entstanden. Für uns war die gemeinsame Zeit eine Bereicherung – lieben Dank dafür!

Allen voran möchten wir uns aber bei unseren Müttern bedanken.
Sie haben das vorgelebt, was wir heute so genießen.

Für die liebevolle Unterstützung und der Mithilfe zu diesem Buch möchten wir uns ganz herzlich bei euch bedanken:

Linda von Beck, Anna Güntsche, Veronika Ganz, Nikolaus von Gumppenberg, Julia von Herman, Andrea Hußmann, Stephanie und Kyros Khadjavi, Anna Liebert, Eugénie Rohde, Stefanie Straub, Melanie Waitzinger, Ruth Wind.

Besonderer Dank gilt unseren Ehemännern und Kindern für die Zeit und Geduld – obwohl sie uns danken sollten, dass sich unsere Kochkünste in den letzten Monaten um ein vielfaches verbessert haben.

Dr. Marcella Prior-Callwey möchten wir danken, dass sie uns die Chance gegeben hat, dieses Projekt zu verwirklichen und uns durch ihre Mitarbeit immer unterstützt hat.

Impressum

Streitfeldstraße 35, 81673 München
www.callwey.de
buch@callwey.de

Alle Bilder stammen von Peter Suska, München, mit Ausnahme von:
S. 5 unten ganz rechts, 74, 76, 77 oben rechts, 77 unten links, 78 links, 79, 80: FREUNDIN/Christine Bauer; S. 77 oben links: StockFood/Sporrer/Skowronek; S. 77 unten rechts: Annette Sandner; S. 78 rechts: StockFood/Knezevic, Silvio; S. 134 oben rechts: StockFood/Erricson, Colin

Bibliografische Information der Deutschen Nationalbibliothek:
Die Deutsche Nationalbibliothek verzeichnet diese Publikation in der Deutschen Nationalbibliografie; detaillierte bibliografische Daten sind im Internet über http://dnb.d-nb.de abrufbar.

ISBN 978-3-7667-2054-2

Projektleitung: Sabrina Kuchlbauer
Lektorat: Redaktionsbüro Küchenzeile, Julia Bauer, Berlin
Umschlaggestaltung, Layout und Satz: Gramisci Editorialdesign, München, Stefanie Wawer, Münster
Druck und Bindung: Stürtz GmbH, Würzburg

Printed in Germany